Marion Ella Weber

Dein Weg in eine glückliche Liebesbeziehung

Marion Ella Weber

Dein Weg in eine glückliche Liebesbeziehung

Anregungen zur Veränderung des eigenen Verhaltens für neue Lebensqualität

Trainerverlag

Impressum/Imprint (nur für Deutschland/only for Germany)
Bibliografische Information der Deutschen Nationalbibliothek: Die Deutsche Nationalbibliothek verzeichnet diese Publikation in der Deutschen Nationalbibliografie; detaillierte bibliografische Daten sind im Internet über http://dnb.d-nb.de abrufbar.

Coverbild: www.ingimage.com

Verlag: Der Trainerverlag ist ein Imprint der
Südwestdeutscher Verlag für Hochschulschriften GmbH & Co. KG
Heinrich-Böcking-Str. 6-8, 66121 Saarbrücken, Deutschland
Telefon +49 681 37 20 271-1, Telefax +49 681 37 20 271-0
Email: info@verlag-trainer.de

Herstellung in Deutschland (siehe letzte Seite)
ISBN: 978-3-8417-5043-3

Imprint (only for USA, GB)
Bibliographic information published by the Deutsche Nationalbibliothek: The Deutsche Nationalbibliothek lists this publication in the Deutsche Nationalbibliografie; detailed bibliographic data are available in the Internet at http://dnb.d-nb.de.

Cover image: www.ingimage.com

Publisher: Trainerverlag
is an imprint of the publishing house
Südwestdeutscher Verlag für Hochschulschriften GmbH & Co. KG
Heinrich-Böcking-Str. 6-8, 66121 Saarbrücken, Deutschland
Phone +49 681 37 20 271-1, Fax +49 681 37 20 271-0
Email: info@verlag-trainer.de

Printed in the U.S.A.
Printed in the U.K. by (see last page)
ISBN: 978-3-8417-5043-3

Inhaltsverzeichnis:

Einleitung

Dieses Buch ist in erster Linie für Singles geschrieben, die auf der Suche nach ihrem neuen Glück sind. Wenn du bereits in einer Liebesbeziehung bist und eventuell Veränderungen anstrebst, kannst du hier ebenfalls Anregungen für dich/euch finden. Bist du in einer glücklichen Liebesbeziehung und möchtest diese noch mehr intensivieren, gibt es sicherlich das eine oder andere Kapitel als Leitfaden.
Der Inhalt bietet dir Grundlagen für Begegnungen jeder Art. In einer Liebesbeziehung wie in jeder anderen zwischenmenschlichen Situation kommt es auf die Wertschätzung des Respektes und der Achtung an. Dies gilt auch für die Begegnung mit dir selbst.

Mir ist es wichtig klarzustellen, dass der Inhalt dieses Buches nur als Anregung für jeden Einzelnen dienen kann. Von Dogmen jeglicher Art distanziere ich mich. Jeder Mensch darf seine eigene Wahrheit herausfinden und kann dabei nur Anregungen aus verschiedenen Richtungen erhalten.
Wenn du hier einen Punkt findest, mit dem du eine gute Veränderung in deinem Leben bewirken kannst, dann ist das Ziel dieses Buches erreicht und ich bin mit dir glücklich.

Aufgrund meiner eigenen Geschichte mit zwei gescheiterten Ehen und darauffolgenden oberflächlichen Begegnungen suchte ich nach meinem fehlenden Puzzleteil. Schließlich gibt es Paare, bei denen eine glückliche Beziehung möglich ist. Daher entschied ich mich ganz bewusst, eine Zeit lang ohne jeglichen intensiven Kontakt zu einem Mann zu leben. Diese Phase dauerte dreieinhalb Jahre bis ich meine jetzige wunderbare Liebe gefunden habe. Die Auszeit hat sich gelohnt!
Mein intensives Auseinandersetzen mit mir selbst und das Lernen in dieser Zeit haben mir sehr geholfen, eine Begegnung in Liebe und Respekt zu mir zu erlangen.
Die gewonnenen Erfahrungen möchte ich gerne zum großen Teil in diesem Buch weitergeben und damit den Leserinnen und Lesern einen erfolgreichen Schritt in das neue Glück ermöglichen.
Die Grundlagen für eine glückliche Liebe drücken sich immer gleich aus, ob du eine heterogene oder eine homogene Beziehung lebst.
Die Reihenfolge, in der du die Kapitel liest, kannst du selbst bestimmen. Vielleicht interessiert dich zuerst ein mittleres Kapitel oder es erscheint dir vom Inhalt her leichter zu sein. Dann beginne mit diesem.

Wie finde ich meinen Traumpartner/meine Traumpartnerin

Um eine glückliche Liebesbeziehung zu bekommen, wünschen wir uns einen Partner/eine Partnerin, mit dem/der wir uns wohl fühlen, der/die zu uns passt. Hast du schon eine oder mehrere Liebesbeziehungen erlebt, dann hast du bereits Erfahrungen gesammelt und weißt, dass dies nicht so einfach ist.
Sicherlich hast du bei jeder neuen Beziehung gedacht: „Diesmal klappt es, diesmal ist es der/die Richtige, diesmal mache ich alles anders." Und wenn es dann doch wieder beendet ist, stehst du wieder vor dem Scherbenhaufen und weißt nicht, warum es doch nicht gut gegangen ist. Dann entstehen Frust, Liebeskummer, Enttäuschung, Bitterkeit, eventuell Hass und die Sehnsucht nach einer neuen Liebe. Vielleicht denkst du jetzt, dass du unbedingt eine Bestätigung brauchst, noch attraktiv, sexy, liebens- und begehrenswert zu sein. Außerdem musst du dir selbst und den anderen beweisen, dass du jeden Mann/ jede Frau haben kannst, den/die du willst. Das braucht jetzt unbedingt dein Ego! Und dann stürzen sich die meisten in eine neue Beziehung, ohne darüber nachgedacht zu haben, warum es immer wieder so ausgegangen ist wie bisher.

Wenn du derjenige warst, der die Trennung herbei geführt hat, nimmst du vielleicht kurz die Siegerpose ein und gibst vor, deine Freiheit endlich wieder in vollen Zügen zu genießen. Dann kannst du auch jeden oder jede haben, denkst du. Wie ist es dann wirklich? Dieser Zustand dauert meist nicht lange an, weil das Ganze irgendwann etwas hohl wird. Entweder fehlen gute Gespräche, guter Sex, ein liebevoller Umgang miteinander, das erste Verliebtsein entpuppt sich als Sackgasse, zu viele verschiedene Interessen oder die Freunde passen nicht zu dir. Sicherlich findest du noch eine ganze Menge weiterer Punkt, die du hier anfügen kannst.
Langsam taucht das Gefühl der Leere, der Unzufriedenheit, der Stagnation und der Sehnsucht auf.

In dieser Liebe so sein zu dürfen wie wir sind, ohne Erziehungsversuche des anderen, ohne ständiges Kritisieren oder Streiten, ohne Machtkämpfe, ohne sich gegenseitig etwas vor zu spielen.
Wir möchten in unserer Persönlichkeit angenommen, respektiert und verstanden werden.

Wir alle sehnen uns danach geliebt zu werden und zu lieben.

Das gilt für uns selbst und unseren potenziellen neuen Partner. Mit anderen Worten: Es treffen zwei Menschen mit den gleichen tiefen Sehnsüchten aufeinander. Nun stellt sich die Frage: „Warum klappt es trotzdem nicht?“ Schließlich bringen beide die gleichen Voraussetzungen mit, die gleichen Sehnsüchte. Sie möchten den idealen Partner finden, mit dem sie sich wohl fühlen, eine wunderbare Liebe leben, eine glückliche Beziehung führen können.

Bei so vielen Gemeinsamkeiten sollte doch ein besseres Resultat zu erzielen sein. Wenn beide sich Mühe geben, damit es diesmal klappt und je einen Schritt auf einander zugehen, ist das sicherlich eine gute Basis. Und doch ist es immer wieder derselbe Kreislauf, den wir einmal länger, einmal kürzer durchleben.

Wir suchen unser Glück in dem anderen

Gerade nach einem weiteren Misserfolg stürzen wir uns aus verschiedenen Gründen in ein neues Abenteuer. Der eine kann nicht allein sein, der andere braucht regelmäßigen Sex, der nächste braucht jemanden zum Wäschewaschen und vieles mehr, meist liegen mehrere Punkte gleichzeitig vor.

Hinzu kommt unser angekratztes Ego, das sein Selbstwertgefühl wieder erlangen will. Aus dieser Stimmung heraus gehen wir auf die Suche nach einem neuen Flirt, der zunächst einmal die Grundbedürfnisse befriedigen soll. Der Kreislauf hat von Neuem begonnen. Die Erfüllung all unserer Bedürfnisse suchen wir in dem Anderen und tappen wieder in die alte Falle.

Wenn wir diese erste Phase gut überstanden haben und sich daraus eine etwas festere Beziehung entwickelt hat, sind wir unserem Ziel schon einen großen Schritt näher gekommen. Damit sind wir jedoch noch lange nicht aus dem alten Kreislauf heraus gelangt. Die Verantwortung für unser Glück legen wir in die Hände unseres Partners. Der Idealfall sieht dann so aus, dass dieser uns unsere Wünsche von den Lippen abliest. Nun stell dir vor, zwei Menschen mit dieser Voraussetzung treffen aufeinander und erwarten jeweils, von dem anderen das große Glück zu erlangen. Welche Chance besteht hier, dass es dieses Mal gelingt? Die Antwort liegt nahe.

Übernimm selbst die Verantwortung für dein Glück!

Wenn du dein Glück von einer anderen Person abhängig machst, so begibst du dich in

die Situation der Handlungsunfähigkeit. Du nimmst eine passive Rolle ein und überlässt alles Weitere deinem Partner. Hiermit bürdest du ihm eine große Verantwortung auf, die er bei allem guten Willen nicht erfüllen kann. Geht er mit derselben Einstellung auf dich zu, bedeutet das in weitestem Sinne eine gemeinsame Ohnmachtserklärung.
Jeder hat jedoch die Chance, seinen eigenen Beitrag zu leisten. Beide möchten eine erfüllte glückliche Liebesbeziehung erlangen. Das ist das gemeinsame Grundelement, in dem ihr euch begegnet. Darauf könnt ihr beide aufbauen.
Da ihr zwei verschiedene Personen seid, bringt ihr auch unterschiedliche Voraussetzungen mit. Jeder hat seine eigenen Lebenserfahrungen gesammelt.

In der Kindheit wurden wir geprägt durch unsere Familie und durch Einrichtungen wie Kindergarten und Schule. Hier sind wir den Erwachsenen begegnet, die nach bestem Wissen und Gewissen uns erzogen haben. Ebenfalls haben wir mit den anderen Kindern unsere Erfahrungen gesammelt. Da wir nicht wussten, was richtig und was falsch ist, haben wir die Angebote unserer Mitmenschen angenommen, wie wir uns in unserem Umfeld bewegen und verhalten können. Das Verlangen nach Lernen und Versuchen hat uns immer weiter getrieben, in die Realität der anderen einzusteigen. In der Pubertät spätestens beginnen wir zu urteilen und zu verurteilen. Dann wollen wir auf jeden Fall anders sein als die anderen, vor allem als unsere Eltern. Wir wollen herausfinden, wie wir uns von den anderen abgrenzen können. Nun beginnt die Zeit der Turbulenzen. Innerlich sind wir unsicher, wir wissen überhaupt nicht wer wir wirklich sind, und nach außen hin wollen wir cool sein, um nicht ausgelacht oder gehänselt zu werden. Unser Selbstbewusstsein wird auf eine harte Probe gestellt. Und wieder werden wir durch unser soziales Umfeld geprägt, ohne das zuzugeben. Jetzt entscheidet sich, ob wir uns durchsetzen können oder nicht. Durchsetzen? In diesem Alter nehmen wir in erster Linie das wahr, **wogegen** wir uns durchsetzen wollen, da es uns wichtig ist anders zu sein. Und dann kommt wieder der Drang nach Anerkennung unserer Mitstreiter, der anderen Jugendlichen. Es wird oft die Rolle festgelegt, die wir im späteren Leben übernehmen. Werden wir Anführer sein, oder Mitläufer, oder Einzelgänger, oder uns von anderen unterdrücken lassen? Ein wichtiger Bestandteil dieser Entwicklungsphase ist die uns angeborene Charaktereigenschaft, die uns mitunter daran hindert die Rolle einzunehmen, die unserem Ideal entspricht. So wird es umso schwerer herauszufinden, was uns gut tut und was nicht. Gleichzeitig beginnt das Interesse an sexuellen Kontakten mit anderen Menschen. Auch hier geht es wieder um Herausforderungen, die uns im Umfeld prägen.

Welches Mädchen, welchen Jungen kann ich haben. Je höher das Ansehen desjenigen in der Clique ist, desto mehr steigt auch mein Ansehen. Nun prallen die unterschiedlichen Prägungen der Jugendlichen aufeinander. Aus ihren bisher gelernten Verhaltensmustern heraus begegnen sie sich und erkunden, wie weit sie mit dem anderen gehen können. Was ist möglich, was macht der andere mit, was lässt sich der andere gefallen, welche Grenzen setzt er mir, wie viel Selbstvertrauen ist vorhanden? Bei dieser Suche geschehen bereits aus Unwissenheit und Konditionierungen heraus viele Verletzungen und Demütigungen. Es wird das nachgelebt, was uns von unseren Eltern vorgelebt und uns in den Medien oder von Idolen vorgegaukelt wird. Diese Prägungen beeinflussen unser späteres Sexualleben und unsere spätere Beziehungsbereitschaft.
Ebenfalls dürfen wir an dieser Stelle nicht vergessen, was wir alles schon vorher gelernt haben. Wie sind unsere Bezugspersonen mit uns umgegangen, was haben sie mit uns gemacht? Manchmal, und leider öfter als wir uns vorstellen können, liegen bereits Missbrauchsfälle vor, sei es in sexueller oder psychischer Hinsicht. Gewalttaten wurden auf der körperlichen Ebene ausgeübt. Die Beispiele lassen sich fortführen.

Wie haben unsere Eltern uns Beziehung vorgelebt? Waren sie gleichberechtigte Partner, war einer von dem anderen abhängig, wurde einer unterdrückt oder gar misshandelt, haben sie sich ständig gestritten, waren sie ehrlich zueinander, haben sie sich wirklich geliebt, sind sie sich in Wertschätzung und Respekt oder in Missachtung begegnet, waren sie aneinander gekettet oder hatte jeder seinen eigenen Freiraum für seine Selbstverwirklichung, haben sie sich gegenseitig unterstützt? Haben sie gemeinsam ihre Elternrolle wahrgenommen oder war einer von ihnen nach einer erfolgten Trennung alleinerziehend?
So gibt es sehr viele verschiedene Aspekte, die uns in unserer eigenen Entwicklung für eine gute Partnerschaft und für die Liebe als Beispiel gedient haben. Jeder hat dabei seine ganz persönlichen Erfahrungen gesammelt und trifft nun auf einen Partner/eine Partnerin, mit dem/der er erste Schritte der Erfahrungen auf eine glückliche Liebesbeziehung hin wagt.

Da beide noch Suchende sind, können sich jetzt viele Fehltritte dem anderen gegenüber ergeben. Die Reaktion darauf ist sicherlich ebenfalls abweichend von dem, was wir unter einer glücklichen Beziehung verstehen. Die neuen Erfahrungen kommen nun zu dem bisher Gelernten hinzu.

Selten gelingt es schon jetzt, eine andauernde Liebesbeziehung aufzubauen. Das sind die berühmten Ausnahmen, die die Regel bestätigen.
So geht das Spiel weiter und wir begeben uns auf die Suche nach einer glücklichen Liebe. Wenn wir bereit sind eine feste Partnerschaft einzugehen, in der wir Geborgenheit, Liebe und Glück suchen, dann schauen wir zunächst auf die äußeren Merkmale das anderen. Was zieht mich an ihm/ihr an, wer ist mein Typ, wer erregt mich, wer macht mich neugierig, mit wem kann ich mir vorstellen, Sex zu haben. Das ist der übliche Vorgang und jeder bringt nun seine persönlichen Erfahrungen und Erwartungen an den anderen mit.

Was erwartest du im Allgemeinen von dem anderen und was kannst und darfst du überhaupt von dem anderen erwarten? Hier haben wir ein sehr komplexes Thema vor uns. Einer der schwerwiegendsten Irrtümer besteht in der Erwartung, dass der andere für dein Glück zuständig und verantwortlich ist. Ihr solltet euch darüber im Klaren sein, dass eine glückliche Liebesbeziehung nur funktionieren kann, wenn jeder seinen Teil an Verantwortung übernimmt.

Deine Verantwortung für eine glückliche Liebesbeziehung

Durch unser soziales Umfeld wurden wir geprägt. Hierbei ist es wichtig zu erinnern, dass alle Erfahrungen wiederum durch die Prägungen unserer Vorbilder und Ausbilder erfolgten. Jeder hat sein Bestes gegeben, so gut er konnte. Er hat uns aus seinen eigenen durchlebten Anerkennungen und Verletzungen heraus erzogen und beeinflusst. Dein Leben wurde nach ihren Konzepten gestaltet. Du hast die Chance zur Umgestaltung, wenn dir das Eine oder Andere nicht gefällt. Dein Leben liegt jetzt in deinen Händen!

Die Ebene des Handelns

Hier müssen wir unterscheiden, dass es zwei verschiedene Grundlagen dafür gibt wie wir handeln. Zum Einen handeln wir aus rationalem Verstand heraus, weil wir genau diese Handlungsweise in dem Moment für richtig halten. Dies geschieht in der Überzeugung, dass wir für uns selbst und den anderen nach unserem Maßstab etwas Gutes bewirken. Leider ist jedoch unser eigener Maßstab, was uns gut tut, meistens nicht auch für andere anwendbar.

In der Regel glauben die Eltern, dass die Kinder in derselben Situation das gleiche benötigen wie sie selbst. Da die Kinder anfangs noch gar nicht sprechen können, fehlt es ihnen an konkreten Kommunikationsmitteln, um genau auszudrücken, was sie sich wünschen, was ihnen fehlt, was sie jetzt gerade unbedingt benötigen. Sie können ihre Befindlichkeiten nur durch Töne und Bewegungen artikulieren. Die Eltern sind nun dazu aufgefordert, diese Zeichen richtig zu interpretieren. Das führen sie aus ihrem eigenen Erfahrungsschatz und/oder durch Anregungen von außen durch. Viele Eltern lassen sich zusätzlich durch offizielle Ratgeber und freundliche Empfehlungen verunsichern.

Hier beginnt der Weg der Konditionierungen, den wir alle durchlebt haben.

Zum Anderen handeln wir aus unserem Unterbewusstsein heraus. Wie oft ist es dir so ergangen, dass du etwas getan hast, worüber du dich hinterher nur wundern konntest? Das warst gar nicht du, das passte überhaupt nicht zu deiner Einstellung, das war im Endeffekt sogar peinlich vor dem anderen. Eine solche Situation konnte bis hin zu einem schlechten Gewissen und Selbstvorwürfen deinerseits führen. Die andere Seite dabei war, dass du davon ausgegangen bist, dein Gegenüber hat die Situation genauso peinlich empfunden wie du, ohne tatsächlich zu wissen, ob das richtig ist.

Beides greift ineinander über und so tappen wir von einer Falle in die nächste.

Die Gesprächsebene

Wir gehen immer wieder von unserer persönlichen Sichtweise aus und wissen nicht, was der andere denkt und fühlt. Wenn wir uns darüber nicht austauschen können und nur denken, der andere würde uns nicht verstehen, wundern wir uns über die Missverständnisse oder werden gar aggressiv.

Ein ganz entscheidender Schritt besteht nun darin zu verstehen, dass beide aus ihrer eigenen Erfahrungswelt aufeinander treffen. Sind diese sehr verschieden, so kann es passieren, dass beide aneinander vorbei reden, obwohl es doch um dasselbe Thema geht. Jeder hat seine eigenen Maßstäbe und betrachtet das Gespräch von einem völlig anderen Standpunkt aus.

Meine Verdeutlichung dieser Situation stelle ich immer mit dem Vergleich dar, einen Gegenstand um 360° zu umkreisen und dadurch an jeder Stelle einen anderen Blickwinkel darauf einzunehmen. So haben auch zwei Menschen zu demselben Gesprächsthema je nach eigenem Erlebnisstand zwei verschiedene Ausgangspositionen. Sind diese Positionen weit voneinander entfernt, wird es umso schwieriger, ein gutes Gespräch zu führen.

Liegen diese beiden genau gegenüber, bedeutet das eine genau entgegengesetzte Meinung zu haben. Das kann leicht zu einem heftigen Streit führen. Beide Gesprächspartner gehen dann meist davon aus, dass jeder für sich Recht hat. Das entspricht in dem Moment auch der Wahrheit, weil jeder seinen eigenen Standort hinsichtlich der Thematik einnimmt. Diese Zusammenhänge werden leider meistens nicht berücksichtigt oder erst gar nicht wahrgenommen.

Wenn wir uns dessen bewusst sind, haben wir die Chance dem anderen neu zu begegnen. Wir können hinterfragen, ob wir einen bestimmten Zusammenhang, den wir vielleicht selbst völlig anders betrachten, bei dem anderen richtig verstanden haben. Dann kann dieser uns seinen Standpunkt näher erklären, bis wir ihn wirklich erfasst haben. Und umgekehrt genauso: Sind wir uns nicht sicher, unsere eigene Sichtweise richtig dargestellt zu haben, können wir dem anderen die Chance bieten, hierzu Fragen zu stellen. Nun kann ein konstruktives Gespräch entstehen, aus dem neue Sichtweisen und Anregungen für beide hervorgebracht werden. Beide fühlen sich jetzt ernst genommen und es geht ihnen gut miteinander. Jeder hat in dem Gespräch seinen Teil der Verantwortung übernommen, dem anderen in Offenheit und Respekt zu begegnen.

Die Kommunikationsebene ist meistens der erste Schritt der Annäherung. Wenn wir die oben beschriebene Regel annehmen und beherzigen können, geben wir diesem Schritt eine besondere Qualität und schaffen gute Voraussetzungen für die weiteren Annäherungsversuche.
Nach genügend Übung wird es dir immer besser gelingen.

Die Gefühlsebene

Auf der Gefühlsebene spielen sich ähnliche Prozesse ab. Auch hier sind wir durch unsere Erfahrungen geprägt. Jeder verbindet bestimmte Gefühle oder Stimmungen mit einer gegebenen Situation. Diese erlebt er mit einem Menschen, der mit derselben Situation meist ganz andere Gefühle und Stimmungen in Verbindung bringt.
Der eine hat zum Beispiel gute Erlebnisse und der andere hat schlechte Erlebnisse in einer gleichen Situation erfahren. Somit gibt es hier konträre Ausgangspunkte in der Begegnung. Die Erinnerungen werden in die neue Situation hinein projiziert und das Gegenüber in die Rolle des früheren Verursachers der jetzt auftauchenden Gefühle versetzt. Fakt ist jedoch, dass es sich nun um einen ganz anderen Menschen handelt, der uns in einer neuen Situation in diese emotionale Stimmung gebracht hat. Je nach Erinnerung und Gefühl reagieren wir nun automatisch der ehemaligen Situation entsprechend mit Anschuldigungen. Oder wir interpretieren eventuell für uns positive Aspekte hinein, die nicht der Absicht des anderen entsprechen.
Zu den ausgelösten Gefühlen kommen noch Gedankenspiele hinzu, die Vergleiche mit der vergangenen Situation und entsprechenden Person anstellen: Nicht schon wieder derselbe Machtkampf, das will ich nicht mehr, so etwas lasse ich mir nicht mehr bieten, ich werde jetzt konsequent sein und gleich die Bremse ziehen, ehe ich wieder in ein Gefühlschaos stürze….. Oder: Das Angebot nehme ich gerne an, jetzt gilt es zuzugreifen, der andere hat mir alle Türen geöffnet, nun kann es losgehen …..
Die Möglichkeit, dass deine Reaktion richtig ist, besteht nur zu einem gewissen Prozentsatz. Oft hat dein Gegenüber etwas ganz anderes in dir auslösen wollen und wird durch deine von ihm so empfundene Fehlreaktion vor den Kopf gestoßen. Nun beginnen

die ewig wiederholten Missverständnisse, die euch voneinander entfernen. Die emotional geladenen Gespräche können so weit führen, dass Verzweiflung oder Wut entstehen. Wenn das immer so weiter geht, wirst du lange suchen müssen, bis du endlich einen Partner gefunden hast, der ähnliche Gedanken und Gefühle wie du mit derselben Situation verbindet.

In der Welt der Gefühle sind wir der momentanen Reaktion meistens ausgeliefert. Wir brechen in Tränen aus, wir beschimpfen den anderen, wir klagen an, wir überrennen ihn mit unseren Emotionen. Wir reagieren im Affekt ohne weiter nachgedacht zu haben. Mitunter kann das sogar so weit führen, dass es zu körperlichen Affekthandlungen kommt. Auch hier gilt es, die verschiedenen Betrachtungsweisen zu respektieren und eine klare gemeinsame Ebene zu erlangen. Wie kannst du das erreichen?

Es ist sehr heilsam, dir immer und immer wieder darüber im Klaren zu sein, dass das was der andere in dir ausgelöst hat, nur zu dir gehört.

Es ist deine eigene Angelegenheit, was mit dir geschieht. Es ist deine eigene Geschichte, die dir in Erinnerung kommt und dich in den jeweiligen emotionalen Zustand versetzt! Dein Gegenüber hat dir nur den Anstoß dazu gegeben. Wenn du das verstanden hast, bist du einen wesentlichen Schritt weiter und hast jetzt die Chance, dass deine zukünftigen Begegnungen immer besser gelingen können.

In der gelebten Umsetzung dieser Tatsache ist es sehr hilfreich, die sofortige emotionale Reaktion, die in dir in Form von Handeln oder Aussprechen geschieht, zu verzögern. Indem du dich ganz auf deinen Atem konzentrierst und kurz inne hältst, bist du jetzt etwas von deiner Emotionalität entfernt und kannst anders reagieren. Das gelingt nicht sofort und erfordert Übung.

Eine Zwischenlösung wäre es, dich im Nachhinein daran zu erinnern, dass du aus einer unterschiedlichen Voraussetzung zu deinem Partner heraus reagiert hast. Das kann eine Sekunde später sein oder auch erst morgen. Wichtig ist es nur, diesen Schritt zu gehen. Nun besteht die Möglichkeit, dich ganz bewusst damit auseinander zu setzen, welche Gefühle aus der Vergangenheit in dir ausgelöst wurden. Vielleicht erinnerst du dich auch noch an die alte Situation und verstehst den wahren Zusammenhang. Nun kannst du eine bewusste Trennung vornehmen und dich trauen, dem anderen diese mitzuteilen. Er weiß nun, was tatsächlich in dir vorgegangen ist und muss sich nicht länger angegriffen oder verletzt fühlen.

Die Selbstbeobachtung

Zunächst kannst du mit der Übung beginnen, dich selbst zu beobachten, wie du auf andere Menschen reagierst. Egal wer es ist. Das kann in einer Situation im Supermarkt, im Bus, auf der Arbeitsstelle, in der Familie, unter Freunden oder wo auch immer sein. Übe dich nur in der Selbstbeobachtung und sei dir ganz bewusst, dass dein emotionaler Zustand nichts mit dem des anderen zu tun hat. Du wirst erleben wie befreiend das mit der Zeit sein kann. Jetzt brauchst du nicht mehr übertrieben zu reagieren. Du darfst nur der stille Beobachter sein, der nun das ganze Procedere aus einer anderen Perspektive heraus betrachtet und verstanden hat. Der andere erfährt dadurch ebenfalls eine entspanntere Situation, indem er von dir so akzeptiert wird wie er ist. Es müssen nun keine Streitgespräche mehr entstehen. Wünschen wir uns das nicht alle? Trägt das nicht zu unserem Wohlbefinden bei?
Solltest du noch aus dem alten Gefühl heraus reagieren, so kannst du immer noch nachträglich in die Selbstbeobachtung gehen. Erinnere dich nur daran, dass du diese Möglichkeit hast und nutze sie.

In der Selbstbeobachtung bist du deinen Gefühlen nicht mehr so ausgesetzt.

Du kannst hierdurch lernen, die Situation, dich und auch dein Gegenüber in einer ganz anderen Grundstimmung zu erfahren. Stell dir vor, du trittst in Gedanken einen Schritt neben dich und beobachtest dich nun selbst. Du wirst erstaunt sein, wie banal sich das Ganze dann mitunter zeigt und eventuell sogar darüber lachen. Schon ist der Druck der unangenehmen Gefühle verflogen und es kann sich eine gute Begegnung entwickeln. Handelt es sich hier um ein tiefgreifendes Thema, so bist du jetzt besser in der Lage dich ganz sachlich damit auseinander zu setzen und eventuell eine Lösung für dich zu finden oder mit dem anderen darüber zusprechen. Schenke dir bei allem immer viel Zeit und viel Geduld.
Wenn du in der entgegengesetzten Position bist, fühlst du dich von deinem Gegenüber angegriffen und weißt nicht aus welchem Grund. Du hast aus deinem Wunsch heraus, dich mit dem anderen zu unterhalten oder auch erst in Kontakt zu treten, ein deiner Meinung nach nettes Gespräch begonnen und der andere hat unhöflich, verletzend oder

aggressiv reagiert. Oft werden jetzt Schuldzuweisungen erteilt: Der andere ist jetzt schuld an deiner Enttäuschung.
Auch hier gilt wieder: Was mit dir geschieht ist deine Geschichte und deine Gefühlswelt. Übe dich darin, die Worte oder Handlungen des anderen nicht persönlich zu nehmen:
„Ich muss es nicht auf mich beziehen. Er hat aus seinen eigenen Erfahrungen heraus agiert. Damit habe ich nichts zu tun. "
Das ist eine gute Beobachterposition, die ebenfalls Streitgespräche, Angriff und Verteidigung, Machtkämpfe und dergleichen im Vorfeld verhindern kann.
Wenn du diese Anregungen annimmst und durchführen kannst, hast du Verantwortung für dich selbst übernommen. Nun bist du nicht mehr in dem Maße von anderen Menschen abhängig wie vorher. Du sorgst dafür, dass es dir gut geht, dass du deine alten Verhaltensweisen ändern kannst und nicht immer wieder dieselben Erfahrungen machen musst. Du kannst nun in mehr Gelassenheit den anderen Menschen begegnen und damit in dir selbst ruhen. Deine Ausstrahlung verändert sich automatisch und dein gesamtes Auftreten wirkt wesentlich ansprechender auf deine Umwelt. Dein neuer Umgang mit dir selbst macht dich zu einem mündigen, erwachsenen Menschen.
Aus diesen veränderten positiven Qualitäten heraus ziehst du auch Menschen mit den gleichen Eigenschaften an. Dein Selbstbewusstsein wird erhöht und du fühlst dich schon eine ganze Ecke wohler als vorher. Deine Attraktivität steigt nun, unabhängig von anderen Lebenssituationen. Zu diesem Schritt gratuliere ich dir.

All das kannst du nun einsetzen, um einen neuen Liebespartner zu finden. Auch in diesem Bereich wirst du andere Menschen anziehen und bist nicht mehr so abhängig von deinen alten Beziehungsmustern. Du kannst frei sein von deinen ehemaligen unausgesprochenen Erwartungen deinem Partner gegenüber. Jetzt hast du die Chance, dein Unwohlsein zu ergründen und eventuell mit ihm gemeinsam einen anderen Umgang damit zu erzielen. Jedes Mal werdet ihr etwas freier für eine glückliche Liebesbeziehung. Wenn ihr beide die Verantwortung für eure alten Erlebnisse übernehmt und diese nicht auf den neuen Partner übertragt, habt ihr eine gute Voraussetzung für euer gemeinsames Glück geschaffen.
Sollte dein neuer Partner/deine neue Partnerin diesen Weg noch nicht für sich gefunden haben, so kannst du ihm/ihr das neue Verhalten vorleben und ihn Schritt für Schritt integrieren. Da auch er bemerken wird, dass es ihm selbst und eurer Beziehung Erleichterungen bringt, wird er sich sicherlich gern darauf einlassen.

Bei allem ist es immer wieder wichtig, Geduld für sich selbst und den Partner/die Partnerin aufzubringen. Wie wir alle wissen, ist noch kein Meister vom Himmel gefallen. Das Leben ist eine ständige Veränderung und ein konstantes Lernen. Nimm es in Freude als Chance für ein gutes Leben an und mach das Beste daraus.

Ich wünsche dir von Herzen ein gutes Gelingen.

Dein Selbstvertrauen

Dieses Thema ist ein wichtiges Element, wenn du nach mehreren Liebesbeziehungen erneut auf der Suche nach einem passenden Partner bist. Bist du noch jung, so gehört es sicherlich dazu, mehrere Versuche zu unternehmen, um herausfinden wer zu dir passt. Die Suche nach einem neuen Abenteuer, das noch nicht unbedingt in einer festen Verbindung enden muss, fällt dir noch leicht. Es gehört im Leben jetzt dazu, verschiedene Erfahrungen zu sammeln. Auch hier hast du sicherlich schon die eine oder andere verletzende Situationen erlebt.

Wenn du schon etwas älter bist und vielleicht längere Beziehungen oder eine Ehe durchlebt hast, sieht das etwas anders aus. Es gibt mehr und auch tiefere Verletzungen, die dazu geführt haben, dass du einen größeren Schutzschild als in jüngeren Jahren um dich herum errichtet hast. Deine Liebe wurde enttäuscht und dementsprechend hast du dein Herz erst einmal verschlossen, um an dem Leiden und der Verzweiflung nicht zu zerbrechen. Bei jedem erneuten Versuch, der gescheitert ist, wurde dein Schutzschild etwas größer und dein Herz verschlossener. Auch wenn du derjenige warst, der die Trennung bewirkt hat, hast du deine Wunden davongetragen. Der Beginn war voller Hoffnung auf eine glückliche Beziehung und doch gab es so viele Unstimmigkeiten, die zu einem Scheitern führten.

Irgendwann kommen dann Zweifel auf, ob du überhaupt jemals wieder glücklich sein kannst. Du denkst, du bist nicht gut genug, nicht schön genug, nicht attraktiv genug, nicht liebenswert und vieles mehr.

Damit ziehst du dich immer mehr zurück, obwohl du dir doch so sehr endlich eine glückliche Liebe wünschst. Jetzt bringen dich deine Selbstzweifel genau dahin, worüber du deine Bedenken hattest.

Selbstzweifel lassen dich verletzlich und müde erscheinen.

Ebenfalls sinken die Chancen, den Traumpartner/die Traumpartnerin zu finden.

Nun hast du die Wahl. Du kannst dich deinem Schicksal ergeben und im Selbstmitleid enden. Du hast jedoch auch die Chance, nicht aufzugeben und dir zu überlegen, was du ändern kannst. Möglichkeiten gibt es immer viele. Egal was du dir überlegst, ein gutes Resultat kannst du nur dann erzielen, wenn du bereit bist, an dir selbst Veränderungen vorzunehmen.

Vergebung

Es ist immer gut, mit dem Alten in Frieden zu kommen. Wenn eine Trennung vorliegt, sind beide Partner daran beteiligt. Beide haben zugelassen, dass sich eine Veränderung langsam vollzogen hat, die schließlich dazu führte, dass sie nicht mehr miteinander auskommen konnten.

Für mich ist es eine Tatsache, die die alleinige Verantwortung eines Partners für das Scheitern der Beziehung nicht zulässt. Oft wurden von einem Partner des lieben Friedens willen Dinge akzeptiert, die ihm/ihr gar nicht gefallen haben. Aus Angst vor einer Auseinandersetzung, Enttäuschung des anderen, Vorwürfen, nicht mehr geliebt zu werden und anderen Erfahrungsmustern, hat er/sie es nicht gewagt, seine Befindlichkeiten mitzuteilen. Leider haben wir auch oft nicht gelernt, uns in einem angemessenen Wortlaut und Ton auszudrücken.
Wenn du in einer solchen Situation stattdessen zunächst von dir und deinen Empfindungen sprichst, kannst du es eher riskieren, das aktuelle Thema anzusprechen. Ohne Vorwürfe und Anschuldigungen deinerseits darin auszudrücken, wird dein Partner bereit sein, dir zuzuhören und dich ernst zu nehmen.
Damit wird einem Scheitern entgegengewirkt.
Um in Frieden mit der alten Beziehung zu kommen, ist es sehr heilsam, wenn du die Verantwortung für deinen eigenen Anteil übernimmst. Nimm keine Schuldzuweisungen vor, weder dir selbst noch deinem/deiner ehemaligen Partner/Partnerin gegenüber. Befrei dich von den alten Vorwürfen, die negative Inhalte haben. Betrachte stattdessen die gemeinsame Zeit und die gemeinsamen Erlebnisse als Geschenk, das dich in deinem persönlichen Wachstum bestärkt hat. Es gab in allen Beziehungen schöne Momente, sonst hätte es keinen Anfang gegeben. Erinnere dich daran, sei dankbar dafür. Sei ebenfalls für die Herausforderungen dankbar, die dein Partner/deine Partnerin dir ermöglicht hat, um daran zu lernen. Sieh in allem die positiven Seiten, um einen guten Abschluss für dich zu erzielen. Du denkst jetzt vielleicht, dass du das nicht kannst. Wenn du dieses Buch liest, weil du dir eine glückliche Liebesbeziehung wünschst, wird es dir sicherlich als gute Grundlage dafür gelingen.

Vergegenwärtige dir immer wieder auf der Gedanken- und Gefühlsebene deine Dankbarkeit dem anderen gegenüber.

Die durch ihn/sie erlebten Erfahrungen haben dich zu einem reiferen, bewussteren Menschen gemacht, der nun seine Ziele neu setzen kann. Danke ihm/ihr dafür und komme in deinen Frieden mit ihm/ihr.
Alles andere würde dich wieder in eine negative Stimmung versetzen, die du auf deiner Suche nach einem/einer neuen Partner/Partnerin nicht gebrauchen kannst. Jetzt hast du einen guten Abschluss gefunden und kannst das los lassen, was nicht mehr zu deinem Leben gehört. Akzeptiere das was ist. Neue Räume öffnen sich nun für eine glückliche Liebe, dein gesamtes Wohlbefinden wird gesteigert und du erlangst wieder eine anziehende Ausstrahlung.
Mach es und beobachte deinen schrittweisen Erfolg.

Selbstliebe

Wenn du eine Beziehung hinter dich gebracht hast, die nicht gut gegangen ist, dann ist deine Liebe verletzt worden. Du hast dich deinem Partner/deiner Partnerin gegenüber geöffnet und ihm/ihr einen tiefen Einblick in dein Inneres gestattet. Du hast ihm/ihr deine Liebe gezeigt und dich gleichzeitig auch verletzlich gemacht. Nachdem Nähe und Vertrauen aufgebaut waren, haben sich kleine Unstimmigkeiten eingeschlichen, oder sie wurden erst mit der Zeit wahrgenommen, weil sie vorher aus Angst keine Beachtung gefunden haben. Die Liebe wurde so schrittweise untergraben bis schlussendlich das gemeinsame Fundament zerfiel. Die Leidenschaft und die Erfüllung eurer Sehnsüchte zogen sich langsam zurück, ohne dass ihr es bewusst erlebt habt.

Wir wollen oft die kleinen Anzeichen von Unwohlsein nicht wahrnehmen: aus Angst vor Streit, abgewiesen zu werden, wieder in der Einsamkeit zu landen, nicht mehr geliebt zu werden, die Erwartungen unseres Partners/unserer Partnerin nicht zu erfüllen. Schließlich geraten wir in einen Zustand, der nach Erlösung ruft. Der unmerklich langsam aufgebaute innere Druck hat sich so angesammelt, dass er nur noch ein Ventil braucht. Eine schlechte Stimmung kommt noch hinzu und ein kleines Wort oder eine kleine Handlung unseres Partners / unserer Partnerin treibt uns so weit, dass wir die ganzen aufgestauten Aggressionen jetzt herauslassen. Nun werden alle unterdrückten Emotionen zu schweren Vorwürfen umfunktioniert. Eine Kleinigkeit wird zu einer großen Angelegenheit und der andere versteht nicht, was hier geschieht. Ähnliche Situationen haben bisher keine derart extreme Reaktion hervorgerufen. Der Zustand des Unwohlseins steigert sich permanent

und verwandelt das tägliche Miteinander mehr und mehr in ein Gegeneinander. Die letzten Ressourcen der Zusammengehörigkeit und der Liebe werden erschöpft, bis alles schließlich in der Trennung endet. Diese zieht sich oft hin, indem das Paar immer wieder versucht, doch noch ein gutes Gelingen oder ein gutes Ende zu finden. Die Verletzungen auf dem Nährboden von Missverständnissen aus einer völlig anderen Sichtweise der einzelnen Personen heraus werden fortgeführt und eventuell noch vertieft.
Das Gefühlschaos wird immer größer und die Selbstzweifel ebenfalls. Viele Fragen zermartern dir vielleicht den Kopf: Was habe ich falsch gemacht? Warum kann ich nicht lieben? Bin ich überhaupt liebenswert? Warum werde ich immer wieder verletzt? Und vieles mehr.

Hinzu kommen noch die aus deiner eigenen Ohnmacht heraus erteilten Schuldzuweisungen dem anderen gegenüber. Wenn dir so etwas öfter passiert, dann wirst du dein Herz jedes Mal ein wenig mehr verschließen, um dich nicht wieder dem ausgesetzt zu fühlen. Und genau das führt zu erneuten Problemsituationen.

Jetzt hast du die Chance für eine Veränderung in deinem Leben. Mit dem ersten Schritt des Vergebens dem anderen und auch dir selbst gegenüber, kannst du viel bewirken. Vergib dir und dem anderen alles, von dem du denkst, dass du/er es falsch gemacht hast/hat. Im Nachhinein lernen wir bei guter Bobachtung, dass nichts von dem falsch war, sondern alles seine Richtigkeit hatte, damit wir es verstehen und daran wachsen können.

Sei dir immer bewusst, dass alles richtig ist, auch wenn du das in diesem Moment noch nicht erkennen kannst.

Danke dir selbst und dem anderen für diese gemeinsame Erfahrung. Liebe dich selbst dafür, dass du dich darauf eingelassen hast. Fühle deine eigene Liebe zu dir in deinem ganzen Körper. Betrachte dich im Spiegel und sende dir all die Liebe, die du sonst nur anderen Menschen geschenkt hast. Beginne dich selbst so zu lieben wie du bist, auch wenn du denkst, viele Fehler zu haben. Diese darfst du haben, da kein Mensch perfekt ist und sie dir zur Veränderung dienen. Umarme sie und liebe sie.

Du bist mit allem was zu dir gehört liebenswert. Hör auf, dich selbst zu verurteilen und an dir zu zweifeln. Jeder Mensch hat seine Geschichten und die damit zusammenhängenden

Lernaufgaben. Das gilt auch für dich. Liebe dich für deine Bereitschaft, diese Lernaufgaben aufzugreifen und das Gute darin zu sehen. Wenn du das Gute siehst, kannst du es für eine positive Veränderung für dich und dein Leben nutzen. Es ist immer wieder dasselbe Spiel. Nimm es an und verändere dein Leben in eine gute Schwingung. Mit jedem kleinen Schritt gelingt es dir immer besser.

Gib nicht auf, wenn es dir wieder einmal schlecht geht und du verzweifelt bist. Erhebe dich selbst auf deinen eigenen Thron der Liebe. Liebe dich dafür, dass du diesen Weg gehst. Liebe dich selbst und gib dir die Chance, den momentanen Lernschritt zu verstehen. Die Mühe lohnt sich allemal. Übe dich darüber hinaus immer wieder in Geduld und sei dir absolut sicher, dass du die Früchte dieses Lernschrittes ernten wirst. Liebe dich dafür! Wenn du offen bist, werden dich die Antworten erreichen und du wirst genau wissen, was du für dich selbst verändern kannst. Betrachte dich und die Angebote der Veränderung mit dem Herzen. Hör auf dein Herz und lade deinen Verstand ein, ihm zu folgen. Immer wieder, wenn der Verstand mit einem „Wenn“ und „Aber“ ankommt, lass dein Herz sprechen und es eine Antwort darauf finden. Jedes Mal wird es dir gut tun und du wirst ein wenig mehr wachsen, in deinem Selbstbewusstsein, in deiner Selbstliebe und in deiner Anziehungskraft anderen gegenüber. Du wirst mehr und mehr leuchten und eine immer positivere Ausstrahlung erlangen. Je mehr du dich selbst liebst, desto mehr wirst du auch von anderen geliebt. Gib nicht auf und liebe dich jeden Tag, jede Stunde, jede Minute dafür, dass du so bist wie du bist.

Selbstliebe hat nichts mit Egoismus oder Arroganz zu tun. Wenn du dich selbst liebst, gibst du deiner Umwelt auch einen besseren Tenor. Überlege einmal, was deinem Umfeld besser bekommt: wenn du in Verzweiflung und Missachtung oder in Selbstliebe dir gegenüber bist. Mit wem werden sich deine Mitmenschen wohler fühlen? Da wir wissen, dass wir das anziehen was wir aussenden, ziehen wir in der Selbstliebe auch freundliche, liebevolle Menschen an.

Jetzt hast du eher die Chance einen passenden Partner/eine passende Partnerin zu finden, weil du automatisch andere Signale aussendest als vorher.
Bewahre dir in der Selbstliebe den Respekt und die Wertschätzung den anderen gegenüber. Damit begegnest du jedem Einzelnen in Freundlichkeit und Souveränität, du gehst einen positiven Schritt voran.

Deine Schönheit / deine Attraktivität

Nach einer unerfüllten Beziehung geht es uns oft so, dass wir Frust bekommen und uns selbst nicht mehr mögen. Dann beginnt manchmal das Übermaß an Essen, Rauchen, Trinken und Sonstigem. Oder jemand beginnt aus Gram zu fasten und wird immer dünner. Die äußere Erscheinung rücken wir in ein falsches Bild und wir finden uns hässlich, zu dick, zu klein, zu unproportioniert. Wir vergleichen uns dann mit den anderen und sehen nur noch deren Vorteile und unsere Nachteile. In dieser Stimmung haben wir auch noch einen negativen Gesichtsausdruck und wirken dann erst recht hässlich. Auch hier kannst du dich in Selbstliebe üben und deine äußere Veränderung bewirken.

Schau in Liebe in den Spiegel und nimm all deine Vorzüge wahr. Du wirst eine Menge finden. Übe das jeden Tag.
Vielleicht gefällt dir deine Frisur nicht mehr so gut, dann ändere sie.
Bist du ein Mann, möchtest du vielleicht einmal einen Bart tragen, oder auch die Form verändern. Tu es und setz dir keine Begrenzungen. Es gibt immer viele Möglichkeiten. Probiere sie aus und spiele mit ihnen.
Wenn du eine Frau bist, möchtest du dich vielleicht anders schminken, einen neuen Lippenstift ausprobieren, die Form der Augenbrauen verändern, eine andere Haarfarbe ausprobieren. Es gibt viele Varianten, teste sie und erforsche womit du dich jetzt gerade wohl fühlst.
Riskier als Mann oder Frau einen anderen Stil, der dir vorher nicht zugesagt hat.
Eventuell möchtest du dich neu einkleiden, oder Accessoires verändern und deinem alten Stil mit neuen Kleinigkeiten treu bleiben. Egal, probiere es einfach aus. Begegne dir in Liebe und in spielerischer Art.

Da wir Menschen immer gerne Hilfestellungen in Anspruch nehmen, möchte ich dir jetzt als Anregung die Effektivität der Affirmationen darstellen. Alles, was du dir wünschst, kannst du in eine Affirmation kleiden, um dem mehr Kraft zu verleihen. Sei dir zunächst darüber klar, was du dir wirklich wünschst. Auf die vorangegangenen Themen bezogen, solltest du dir überlegen, welches dein Ziel ist. Möchtest du tatsächlich 5 kg weniger wiegen oder möchtest du eine gute Figur haben, mit der du dich wohl fühlst?

Bei allem ist immer wichtig, dass du herausfindest, womit du dich wohl fühlst.

Fühlst du dich wohl, so strahlst du das auch aus.
Dein Geschmack kann sich mit der Zeit verändern, heute magst du grüne Hosen und morgen braune. Nimm es wahr und lass es zu. Gönne dir selbst die Freude der äußeren Veränderung und genieße das neue Gefühl.
Wenn dir deine Figur nicht gefällt, hast du auch viele Möglichkeiten zur Verfügung. Manche gehen in den Fitness-Club (ein guter Ort zum Kennenlernen anderer Menschen!) oder sie gehen Joggen, zum Joga, suchen sich eine Sportart oder andere Bewegungsmöglichkeiten aus. Die eine oder andere Fastenkur oder auch nur Ernährungsumstellung wird durchgeführt und ein neues Körperbewusstsein mitunter erlangt. Jede Veränderung, die dir gut bekommt, steigert dein Selbstwertgefühl und deine Ausstrahlung. Genieße dich darin und liebe dich dafür! Wenn du zwischendurch das Alte wieder zulässt, dann macht das nichts. Achte jedoch darauf, dass es nur kurz sein darf und du dann wieder deine neuen Veränderungen in den Vordergrund stellst. Liebe dich für den kleinen Rückfall und gehe in Liebe und Wertschätzung wieder in die neu gewonnene Strategie.
Hüte dich vor Vergleichen mit anderen. Dann wirst du nur deren Vorteile und deine Nachteile sehen. Du bist wie alle anderen auch einzigartig und darfst deine ganz speziellen Vorteile für dich annehmen und in den Vordergrund rücken. Du wirst immer mehr davon wahr nehmen und dich so auch immer mehr lieben können.

Begegne dir selbst mit Achtung und Anerkennung für deine kleinen Erfolgsschritte. Manch einer benötigt als Ansporn kleine Zwischenziele, die er sich setzt. Belohne dich mit einer Freude, die du dir sonst nicht gönnen würdest. Würdige jedes kleine Resultat als großartiges Ereignis. Liebe dich dafür und sei stolz auf dich. Bis hierher hast du es geschafft. Nun schaffst du es immer weiter, bis du dich wieder magst, dich wohl fühlst, dich akzeptierst. Lass dich von niemandem ablenken, weder von Freunden noch von anderen Personen. Lass keine Zweifel oder Desillusionen aufkommen.

Wenn du eine Veränderung wirklich willst, erlangst du sie auch.

Vertrau dir selbst, dass du es schaffst. Dein Kopf mag dir viele Argumente dagegen präsentieren. Dein Herz wird diese auflösen und dich in einem guten Gefühl der Liebe für dich einbetten. Lass dich auf deine neu errungene Schönheit und Attraktivität ein, strahle sie aus und ernte Komplimente dafür. Du bist es wert!

Dein neuer Weg

Nun hast du schon eine Menge getan, um einen Veränderungsprozess zu bewirken. Du hast Frieden geschlossen mit den vergangenen Liebesbeziehungen, du hast verstanden, dass du selbst die Verantwortung für dein Glück trägst, du hast schon viel für deine innere und äußere Veränderung getan. Mit diesen Schritten kannst du dich anders wahrnehmen, kannst dich auf andere Menschen und neue Situationen einstellen. Alles gelingt dir jetzt auch mit mehr Gelassenheit. Du bist nicht perfekt, jedoch kannst du dich immer wieder auf deinen neuen Weg konzentrieren und die einzelnen Schritte üben, die für dich richtig sind. Je nach Situation wirst du sicherlich ganz bestimmte Elemente in den Vordergrund stellen und dich damit mehr beschäftigen.

Wenn du einmal wieder in Selbstzweifel verfällst, kannst du dich an deine guten Eigenschaften, an deine ganz persönlichen Vorteile erinnern, eventuell sogar noch neue an dir entdecken. Genieße dich mit ihnen und liebe dich dafür.

Und wenn du einmal wieder denkst, du seist unattraktiv oder gar hässlich, dann kannst du deine Ernährung ändern, dir Bewegungsmöglichkeiten verschaffen. Manchmal reicht es auch schon aus, einen Spaziergang in der Natur zu genießen und deine Stimmung hebt sich dadurch. Mach das, was du gerne tust und womit du dich wohlfühlst. Vielleicht möchtest du dich mit einer neuen Kleinigkeit trösten, die dir ein anderes Gefühl vermittelt. Finde etwas, das dir gefällt und das du dir leisten kannst. Ein Highlight, das dir ein neues Selbstbewusstsein und ein neues Erscheinungsbild gibt. Und deine gesamte Ausstrahlung wird wieder angehoben!

Bei allem was du tust, sei dir deiner Einzigartigkeit bewusst, ohne dich dabei über andere zu stellen. Liebe dich dafür, dass du wie jeder andere auch deinen besonderen Weg gehst. Gib niemals auf. Jeder kleine Schritt ist lohnenswert und trägt zu deiner persönlichen Veränderung in eine neue Lebensqualität bei. Übe dich immer wieder in Geduld mit dir selbst und deinen Lebenssituationen. Alles führt dich schlussendlich zu deinem Erfolg, zu deinem Ziel.

Du hast jetzt die Chance, aus deinen alten Beziehungsmustern heraus zu kommen, indem du dich veränderst.

Lass dich leiten von deinem Herzen, von deiner Intuition, von deinem Gefühl, was dir jetzt gut tut, damit du dich wohlfühlen und dich in neuer Verfassung und neuem Bewusstsein auf eine Liebesbeziehung anderer Qualität als bisher einlassen kannst. Was in dir selbst als Antwort auf deine Fragen steckt, ist immer richtig. Übe dich darin, genau hinzuhören. Lass den Zweifeln keinen Platz. Nimm die inneren Anregungen an, auch wenn sie dir unausführbar, übertrieben oder arrogant erscheinen. Probiere aus, ob und wie es gelingt. Experimentiere in Leichtigkeit mit deinen Möglichkeiten und sei dir immer bewusst, dass es noch viel mehr Möglichkeiten gibt, die du noch nicht kennst. Hole dir Anregungen von deinem Umfeld. Prüfe jedoch dabei immer ganz genau, was zu dir passt und was nicht, womit du dich wirklich wohl fühlst. Wie du weißt, ist jeder anders und ein und dieselbe Sache passt nicht gleichermaßen zu dir wie zu anderen Menschen. Das gilt für bestimmte Verhaltensweisen ebenso wie für das äußere Erscheinungsbild. Nimm deine Veränderung spielerisch wahr und genieße die Kleinigkeiten dabei. Alles was du dir errungen hast, gehört nun zu dir, zu deiner neuen Persönlichkeit, die sich anders in ihrer Umwelt präsentiert als vorher.

Affirmationen

5 kg weniger können dich vielleicht schon zu dünn werden lassen oder erzielen immer noch nicht dein Wohlfühl-Gewicht. Deine Affirmation sollte präzise sein: „Mein Gewicht ist jetzt so weit reduziert, dass ich mich mit meiner Figur wohl fühle." Dieses ist ein Beispiel. Es beinhaltet bereits das erzielte Resultat! Wenn es nur den Wunsch beinhaltet, wird es auch im Äußeren dabei bleiben und keine tatsächliche Veränderung bringen.
Allgemein kannst du Affirmationen benutzen wie: es geht mir gut, ich fühle mich wohl, ich bin schön, ich bin gesund, ich bin attraktiv, ich bin leidenschaftlich......

Jede Affirmation wird in deinem Unterbewusstsein abgespeichert und bewirkt eine Veränderung.

Je öfter du sie denkst oder aussprichst, desto intensiver wird sie. Stell dir dabei vor, dass das gewünschte Ziel bereits erreicht ist und bedanke dich dafür. Geduld und Ausdauer im Wiederholen bringen dich in der für dich richtigen Zeitspanne an das gewünschte Ziel. Je mehr du das gleichzeitig spürst, umso schneller kann es vorangehen. Das ist eine der Gesetzmäßigkeiten für Veränderung. Setz dich jedoch nie unter Druck.

Alles geschieht in dem für dich richtigen Tempo.

Wenn du deine Affirmationen benutzt, dann begib dich auch in das dazugehörige Gefühl! Nur allein der Satz ohne Gefühl bringt dich nicht weit, es ist dann nur ein leerer Satz, der mit Leben gefüllt werden soll. Wenn du sagst: „Ich bin schön“, dann fühle dich auch schön. Sende in jede Körperzelle das Bewusstsein von Schönheit. Spüre wie deine Schönheit durch deinen Körper fließt, fühle die angenehme Schwingung überall bis in die Fußspitzen. Labe dich in deinem neuen Körperbewusstsein, auch wenn dein Kopf das Gegenteil behauptet. Du bist schön. Je mehr du dich dahinein begibst, desto mehr strahlst du vor Schönheit. Wenn dir deine Nase vielleicht zu groß oder deine Augen zu klein erscheinen, werden diese sich dadurch nicht verändern. Mit deiner gesamten positiven Ausstrahlung von Schönheit werden sie jedoch nicht mehr so in den Vordergrund gerückt. Jetzt wird dein gesamtes Gesicht strahlen und die Nase und die Augen nehmen einen ganz anderen Stellenwert ein. Manchmal kann eine größere Nase sogar interessant oder markant erscheinen. Jetzt kann sie deinen Typ bewusst unterstreichen.

Deine Sichtweise auf dich selbst kann sich verändern, indem du die alten gnadenlosen Urteile in deiner Affirmation neutralisierst und als ehemalige Vorteile ansiehst. Aus dem Abstand der Selbstbeobachtung heraus wirst du sicherlich neue Seiten an dir entdecken, die du in deinem vorherigen Richten und niederschmetternden Urteilen für dich nicht kanntest. Freu dich darauf!

Beginne mit kleinen Affirmationen, die keine unbewussten Fallen in sich tragen und an deinem tatsächlichen Ziel vorbeigehen könnten. Jedes Wort und dessen Bedeutung will genau hinterfragt werden. Ein Wort zu viel oder zu wenig kann ebenfalls zu einem unerwünschten Ergebnis führen. Fühle deine Affirmation und beobachte dabei, was mit dir geschieht. Geht es dir gut damit oder hast du an einer Körperstelle ein ungutes Gefühl? Brauchst du eine Veränderung? Sind hier Elemente enthalten, die du nicht bezweckst? Übe dich darin, alles genau wahr zu nehmen. Wenn ein Wort nicht passt, kannst du es solange verändern, bis du das dazugehörige angenehme Gefühl erlebst. Je kürzer die Affirmation, desto weniger Störfaktoren können auftreten. Mit dem Satz „Ich bin schön“ kannst du nicht viel falsch machen. Hier muss nur das dazugehörige Gefühl ergänzt werden, bis du dich dann wirklich schön fühlst und dir auch tatsächlich gestattest, es zu sein. Erlaube dir schön zu sein, entgegen der Annahme deines Kopfes. Wir alle haben das

Recht schön zu sein, auch wenn wir ganz verschiedene körperliche Grundlagen dafür mitbringen. Das Gefühl und die damit verbundene Ausstrahlung können entscheidende Beeinflussungen in deiner Gesamtwirkung erzielen. Du wirst den Menschen in einem erneuerten Bewusstsein begegnen und damit auch automatisch andere Menschen anziehen als bisher. So auch andere Männer oder Frauen, die für eine glückliche Liebesbeziehung in Frage kommen könnten.
Wenn es nicht gleich die erste Begegnung ist, die zu dir passt, dann wird es eine von den darauffolgenden sein.

Bestätigung

Wenn wir viele Enttäuschungen hinter uns gebracht haben, leidet unser Selbstbewusstsein meistens darunter. Unsere Emotionen werden unterdrückt oder im falschen Moment in unpassender Form zum Ausdruck gebracht. Oftmals müssen in solchen Situationen die Menschen herhalten, die uns sehr nahe stehen. Wir fühlen uns dann noch schlechter als vorher und machen uns Vorwürfe.

Um aus diesem Kreislauf heraus zu kommen, können wir diese Verhaltensweise unterbrechen. Der beste Weg besteht darin, uns dabei zu beobachten, was wir denken und was wir fühlen. Die Emotionen zeigen sich zuerst und dann können wir feststellen, welche Gedanken diesen zugrunde liegen. Eine emotional gesteuerte Reaktion auf uns störende Verhaltensweisen anderer lässt uns außer Kontrolle geraten. Wenn dies geschieht ist es ratsam, sich damit auseinander zu setzen und den dahinter stehenden Gedanken herauszufinden. Sollte dir das nicht sofort gelingen , wird sich eine ähnliche Situation ergeben und du hast die Chance, dieses Mal den Hintergrund zu durchschauen. Wenn du es geschafft hast, bist du jetzt in der Lage dein Verhalten zu ändern, indem du für dich selbst einen anderen Umgang mit der damit zusammenhängenden Erinnerung erzielst. Hierfür hast du oben bereits Anregungen erhalten. Damit kommst du immer mehr in einen entspannten Zustand und bist deinen Emotionen nicht mehr so ausgeliefert. Habe Geduld mit dir und lass nicht locker. Wenn du aus deinen emotionalen Schleifen herauskommen möchtest, schaffst du es auch.
Immer wieder benötigen wir eine Bestätigung in unserem Vorankommen, für unseren Erfolg. Diese suchen wir im Außen, weil wir denken, dass die anderen viel besser beurteilen können, ob wir eine Veränderung erzielt haben, als wir selbst. Leider

geschehen diese Kommentare zu unseren Fortschritten immer aus der Sicht derer , die wir dazu befragt haben. Wie bereits dargestellt, hat jeder eine andere Sichtweise auf dieselben Dinge. Viele subjektive Elemente kommen in das Urteil, die nicht auf dich zutreffen müssen. Daher höre dir diese an und entscheide, ob sie richtig sind für dich. Auf jeden Fall solltest du dir eine Person aussuchen, die ehrlich zu dir ist und möglichst neutral sein kann. Manchmal kann das eher ein Außenstehender sein als der beste Freund oder die beste Freundin.

Im Allgemeinen sollten gar keine Urteile gefällt werden. Diese legen etwas fest, das nicht zutreffend sein muss. Lass dich daher nicht von deinem eingeschlagenen Weg abbringen, nur weil ein anderer dich nicht so wahrnimmt wie du tatsächlich bist. Richte dich nach deinem eigenen Gefühl. Lass dich auf deine Emotionalität ein, indem du spürst wie es dir geht. Beachte dabei nicht die Kommentare deines Kopfes. Der Kopf will dich wieder in das Selbstmitleid und die Zweifel bringen. Gerade diese möchtest du jetzt ablegen. Du möchtest in deine Kraft und in deine Stärke kommen. Du erlangst sie durch kleine Schritte, die du für dich persönlich als großen Erfolg ansehen kannst. Belohne dich jedes Mal, wenn du einen Erfolg für dich errungen hast und liebe dich dafür. Dieser Erfolg muss für dich spürbar sein, nicht für die anderen. Dein Wohlbefinden kommt von innen heraus. Wenn es von anderen Personen abhängig ist, ist es nicht wahrhaftig und nicht beständig. Bei jeder Meinungsänderung würde es dir wieder schlecht gehen. Ebenfalls würdest du dich von den Erwartungen der anderen abhängig machen. Befreie dich davon und glaube an dich. Vertraue dir selbst.

Deine eigenen Empfindungen sind richtig für dich.

Das stärkt dein Selbstbewusstsein und führt dich auf deinen Weg zu mehr Lebensfreude. Sei unabhängig und lass dich von dir selbst leiten. Diese neue Lebenseinstellung wird dir sehr hilfreich in einer kommenden Liebesbeziehung wie auch in anderen Lebenssituationen sein.

Einsamkeit

Die Einsamkeit ist ein großes Thema für die meisten Singles. Viele sind der Meinung, dass sie nicht allein sein können. Wenn du eine feste intensive Beziehung hattest, war die Gewöhnung an den anderen recht groß. Das Leben ohne ihn/sie war kaum vorstellbar.

Nun ist alles vorbei und du stehst allein da. In deinem Zuhause gibt es eventuell viele Erinnerungen, die dir den Schmerz vor Augen halten: ein kleines Geschenk, die gemeinsamen Stunden auf der Couch oder gar im Bett, die zurückgebliebenen Gegenstände des anderen und vieles mehr. Es ist kaum zu ertragen. Vielleicht wird nun alles entfernt, damit das Leben nicht ganz so düster ist. Vielleicht gehst du nur noch weg und kommst zum Schlafen nach Hause. Vielleicht schläfst du gar woanders, damit du die Konfrontation nicht ertragen musst. Einsamkeit kannst du jedenfalls gar nicht gebrauchen, dann würde dir ständig alles hoch kommen. Das ist sicherlich richtig und in der ersten Zeit nach der Trennung hilfreich.

Um dieser Einsamkeit zu entfliehen, wird dann oft möglichst schnell ein neuer Partner/ eine neue Partnerin gesucht.

Ohne den Schmerz der vorherigen, beendeten Beziehung richtig verarbeitet zu haben, beginnt ein neues Abenteuer. Und wieder reagieren wir aus den alten Wunden und den alten Verletzungen heraus. Dasselbe Spiel beginnt von vorn.

Wenn du jetzt eine Minute aufmerksam bist und darüber nachdenkst, kannst du erkennen, dass die Voraussetzungen für eine erfüllte Liebe recht gering sind. Der nötige Abstand zu dem vorher Erlebten ist nicht gegeben und damit wird ein großer Teil daraus mit in die neue Beziehung getragen.

Wie wir wissen, können wir nur aus dem alten Kreislauf heraus kommen, indem wir an uns Veränderungen vornehmen.

Eine sehr wichtige Veränderung sehe ich darin, sich mehr Zeit zu lassen, bevor du dich in eine neue Liebe begibst. Mehr Zeit bedeutet auch mehr Einsamkeit, mehr Alleinsein. Ich habe mich eine bestimmte Zeit lang ganz bewusst dafür entschieden. Jetzt ist es möglich, die beendete Beziehung revuepassieren zu lassen und zu schauen, was schiefgegangen ist. Vor allem ist wichtig, deine eigenen Unzulänglichkeiten herauszufinden. Hast du zu viele Erwartungen gehabt, dem anderen eine Persönlichkeit aufdrängen wollen, die er nicht ist? Warst du wirklich ehrlich? Hast du vieles zugelassen, das dir nicht gefallen hat?

Überprüfe deinen Anteil an dem Scheitern und was du ändern kannst, damit dasselbe nicht wieder geschieht. Lass die Einsamkeit zu und konzentriere dich auf dich. Es gibt sicherlich in deinem Leben Menschen, mit denen du dich austauschen kannst. Du musst nicht gleich wieder eine intime Beziehung dafür haben. Wenn dir der Sex fehlt, dann versuche doch einmal wie es ohne ist. Auch das kann sehr heilsam sein. Deine Abhängigkeit davon ist dann etwas weniger ausgeprägt und du kannst gelassener in die

neue Partnerschaft gehen, mehr genießen und mehr Gefühl zulassen. Das bringt eine wunderbare Veränderung in dein Leben und Erleben.
Die Zeit des Alleinseins kannst du sicherlich gut nutzen, um dir selbst näher zu kommen. Manche beginnen mit dem Meditieren, mit Entspannungsübungen oder anderen lockernden Methoden. Es kann dadurch innerer Frieden entstehen und du hast eine ganz andere Ausgangsposition für eine neue Liebe als vorher. Wenn deine neue Entspannungsmethode zu einem bestimmten Ritual zu derselben Zeit wird, ist das sehr effektiv und sehr heilsam. Manche entdecken ein neues Hobby für sich, an dem sie viel Spaß haben und das ihr Leben bereichert.

Nutze die Einsamkeit zur Einkehr in deinen inneren Frieden.

Es gibt auch viele Singles, die schon sehr lange allein sind und fast die Hoffnung auf eine neue Liebe aufgegeben haben. Dir möchte ich ebenfalls Mut machen. Schau dir an, was du für dich verändern kannst, damit du in einer neuen Verfassung und einem neuen Bewusstsein die Suche wieder aufnehmen kannst.

Finde deine ganz persönlichen Vorteile heraus. Erkenne das Liebenswerte an dir und liebe dich dafür. Am besten ist es immer, eine Liste aus dem Bauch heraus zu erstellen. Schreibe alles auf, was dir spontan einfällt und hinterfrage es nicht. Deine Gedanken werden bei dem einen oder anderen Punkt sicherlich dagegen steuern. Nimm es nicht zur Kenntnis und verlass dich auf deine Intuition. Urteile nicht über das, was dir dazu einfällt. Mitunter zeigen sich Seiten, die du noch nie wahrgenommen hast oder nie beachtet hast, vielleicht aus Scham, falscher Bescheidenheit oder aus dem Gefühl heraus, dich anderen gegenüber unterlegen zu fühlen. Setze einmal ganz bewusst dich und deine Vorzüge in den Mittelpunkt deines Lebens. Erkenne, was dir eventuell nicht so gut an dir selbst gefällt und überprüfe, ob es tatsächlich ein Nachteil ist oder du es nur so einordnest. Manchmal kann sich dabei auch eine vorteilhafte Seite zeigen, die du in Zukunft für dein Wohlbefinden nutzen kannst. Oft fällen wir ein Urteil über uns aus dem Gedanken heraus, dass es die anderen ablehnen würden.
Wenn etwas tatsächlich nicht zu dir passt, dann überlege dir, was du verändern kannst. Schau dir genau an, welcher Bestandteil dich nicht glücklich macht und entdecke den Hintergrund dafür. Probiere es in einem Gedankenspiel aus, das immer auch von den dazugehörigen Emotionen begleitet ist. Nimm diese ebenfalls wahr und beobachte, an

welchem Punkt du eine Veränderung benötigst. Wenn es sich dann gut anfühlt, hast du dein Ziel erreicht. Es kann sehr bereichernd sein herauszufinden, wie du für dich sorgen kannst und was du für dich erzielen kannst. Das ist spannend, da du dich nun beobachtest und mit Übung bewusst dein Verhalten steuerst. Außerdem trägt es zu deinem erhöhten Wohlbefinden bei und gibt dir Mut und Selbstbewusstsein. Dein gesamtes Aussehen und deine Ausstrahlung werden positiver. Aus dem Wohlbefinden mit dir selbst heraus kann eine Begegnung mit einem Menschen stattfinden, der sich auch mit dir wohlfühlt.
In der Konzentration auf dich und das Herausfinden und Hervorheben deiner Vorzüge halte dich in Respekt und Achtung dir selbst und den anderen gegenüber. Dieser Schritt dient nicht dazu, die Flucht nach vorn anzutreten und aus dem Selbstmitleid und Rückzug in die entgegengesetzte Richtung der Arroganz und Übertriebenheit zu geraten. Dann schaffst du wieder eine Schranke zwischen dir und deinem Umfeld und bleibst allein. Erkenne deine Eigenschaften an und die der anderen ebenfalls. Jeder hat etwas anderes zu bieten und ist dabei gleichermaßen wertvoll wie alle anderen auch. Probier das als deine Lebensphilosophie aus und du wirst ein leichteres Leben mit dir und deinen Mitmenschen haben.

Es ist ganz wichtig, zu verstehen, dass es an der Zeit ist, den Kampf gegen dich selbst aufzugeben. Das Verurteilen darf nun ein Ende haben. Mach dich auch nicht von Urteilen anderer abhängig, fühle wie es dir geht. Beherzige die Darstellungen im Abschnitt „Bestätigung“.

Lebensweisheiten

Lebensweisheiten dienen dazu, dass die Menschen Anregungen erhalten wie sie ihren Weg neu gestalten und dabei auf ihrem ganz persönlichen Pfad weitergehen können. Die Unabhängigkeit von alten Ängsten erzielen und in Freiheit und Authentizität das neue Leben genießen, ist das Ziel.
Menschen, die diesen Weg bereits gefunden haben und sich in ihrer Entwicklung darauf bewegen, haben ihre Erkenntnisse gewonnen und sich diesen angepasst. Aus einer Erkenntnis kann eine Lebensweisheit entstehen, die sich als heilsam und befreiend erweist. Wenn du aus deinen eigenen Erlebnissen eine solche zusammenfassen kannst, bist du einen Schritt gegangen, der dir kostbare Ansätze bietet. Aus der Veränderung wird Wissen, das ist ein ganz entscheidender Faktor deines neuen Lebens.

Dieses Wissen hast du dir erobert!

Nutze es für weitere Veränderungen und weiteres Wissen, für neue Lebensweisheiten. Wenn du damit glücklich bist, gibst du es sicherlich gerne an andere weiter. Achte jedoch darauf, dass du keine Dogmen daraus machst. Gib sie anderen Menschen als Angebot und Möglichkeit zur Veränderung, nicht als einzig wahre Weisheit. Der andere findet vielleicht weitere Weisheiten für sich heraus. Nimm auch die Weisheiten anderer nicht bedingungslos für dich an. Prüfe ob sie zu dir teilweise oder ganz oder gar nicht passen. Jeder geht seinen einzigartigen Weg, nach seinem Maß und seinen Facetten. In der Ergänzung können wir uns alle gegenseitig dienen.

Es gibt viele Autoren, die ihre Erkenntnisse niedergeschrieben haben, um anderen Beispiele zu geben. Auch hier gilt wieder: nicht jeder Autor ist für jeden passend. Wenn du ein Buch suchst, dann lass dich von deiner Intuition leiten. Welches dir ins Auge fällt ist meist das Buch, das für dich auf deinem momentanen Wegabschnitt am wertvollsten ist. Viele Menschen haben mir diese Tatsache bestätigt. Dein Blick wird zu dem gelenkt, was du gerade benötigst. Das kann auch auf Vorträge oder weitere anregende Angebote zutreffen. Je mehr du dich mit deinen Themen beschäftigst und eine Veränderung bewirkst, desto mehr werden auch Menschen in dein Leben treten, die dich darin unterstützen. Du wirst sehen, wie wunderbar es ist, Veränderungen selbst zu bewirken und darauf die positiven Antworten des Lebens zu erhalten. Du hast mit Mühe und Fleiß gesät und erntest immer mehr Leichtigkeit und Lebensfreude.

Das große Ganze

Wir alle leben in einem großen Netzwerk. Es besteht aus der Menschheit, die die Erde bewohnt. Sie ist entweder direkt oder indirekt mit dir verbunden. Mit deinem sozialen Umfeld bist du direkt verbunden. Hier gibt es Kontaktpunkte, die du wahrnimmst. Bei der Familie begonnen über Freunde, Bekannte, Kollegen bis hin zu den Fremden, denen du auf der Straße oder an anderen Orten begegnest. Immer spielen viele Faktoren dabei eine Rolle. Es sind die Emotionen, die äußeren Eindrücke, die Zugehörigkeit, Abhängigkeit, die subjektive Wahrnehmung des anderen, die Urteile, die Anziehungskraft und anderes. Jeder tritt auf seine Weise in den Kontakt zum anderen. Das sind ein flüchtiger Augenblick des Ansehens, ein tiefes Gespräch, die Erinnerung, eine Begrüßung auf der Straße, eine

innige Umarmung, ein Wiedersehen nach langer Zeit, eine eindeutige Einladung zur ersten Kontaktaufnahme in der Disco und anderes.
Du bist ständig in Begegnungssituationen. Wenn keine weitere Person da ist, begegnest du dir selbst. Es finden immer Gespräche statt, in Form von Gedanken in einer Art Selbstgespräch oder einer Unterhaltung mit anderen Menschen. Es ist immer Kommunikation vorhanden. In deinen Selbstgesprächen haben Gedanken und Gefühle ebenso Raum wie im äußeren Gespräch. Das eine existiert nicht ohne das andere. Beide werden beeinflusst von den in dir abgespeicherten Erfahrungen. Und wie wir wissen, sind diese jeweils verschieden bei den Menschen.

Die Erfahrungen lenken unsere Gedanken und Emotionen.

Diese werden dann, wie oben bereits dargestellt, automatisch auf die momentanen Begegnungen übertragen. Der alte Zustand ist erneut aufgetaucht und wir leben dieselben Muster wie vorher. Nun hast du schon einige Vorschläge zur Veränderung erhalten und musst dich diesem Schicksal nicht mehr aussetzen.
Gehe jetzt in dich und stell dir vor, wie es ist, dieselbe bereits erfahrene Situation in einer neuen Begegnung zu durchleben und dabei das Verhalten auszudrücken, mit dem du dich wohl fühlst. Spiele in Gedanken und immer mit dem dazugehörigen Gefühl diese solange durch, bis es dir gut geht damit und du dich sicher und befreit fühlst. Mache es spielerisch und werde dabei nicht zwanghaft. Du möchtest schließlich einen Weg des leichten Umgangs mit anderen Menschen erzielen. Dann versuche es in konkreten Situationen mit fremden Menschen. Hierbei hast du nichts zu verlieren. Da sie dich nicht gut kennen, sollte ein eventuelles Urteil dich nicht interessieren. Das kannst du auch gut hinsichtlich des Flirtens anwenden.

Du hast die Mittel in der Hand, deine Begegnungen in eine bessere Qualität zu bringen. Deine eigenen Gedanken und Gefühle ändern sich mit den Erfahrungen, die du nun sammelst. Das Aufeinandertreffen gewinnt immer mehr Spielraum für Leichtigkeit und Entspannung. Dein ganzes Bewusstsein verändert sich und sendet neue Impulse aus. Diese gelangen in dein direktes und dein indirektes Umfeld. Da wir immer wieder auf neue Menschen treffen, ziehen wir aufgrund der dargestellten Tatsache jetzt andere an als vorher. Wenn du Sicherheit und Freundlichkeit aussendest, kommt das auf dich zurück. Damit nehmen auch die neuen Begegnungen in deinem Leben eine andere

Qualität an. Vergiss auch hier nicht, immer in Respekt und Achtung dem anderen und dir selbst gegenüber zu sein.
Wir sind mit der gesamten Bewusstheit der Menschen verbunden und bewirken selbst, welche Elemente wir in unser Leben einladen.

Was du aussendest kommt zu dir zurück.

Du siehst immer wieder wie wichtig es ist, bei dir selbst zu beginnen, wenn du nicht glücklich bist. Viele kleine Schritte bringen ein großes Gesamtergebnis.

Erwartungen

Die Erwartungen ziehen sich durch unser ganzes Leben. Jeder gewonnene Eindruck wird in uns abgespeichert und mit einer Wiederholungserwartung verbunden. Und genau das trifft dann auch ein, weil wir diese Erwartungshaltung in unser Umfeld abgegeben haben.
Momentan bist du wahrscheinlich auf der Suche nach einer neuen Liebe, die dich erfüllt und die dir eine neue Lebensqualität bringt. In der du glücklich sein kannst. Deine vorherigen Versuche sind gescheitert und du bist nun auf dem Wege der Veränderung, um deinem endgültigen Erfolg näher zu kommen. Aus dem Misslingen in der Vergangenheit haben sich immer wieder neue Erwartungshaltungen bei dir eingeprägt. Die alten wurden bestätigt und neue sind meistens hinzugekommen. Deine Erwartung sieht sicherlich annähernd so aus: „Jetzt habe ich schon so viele Versuche gestartet und es ist mir immer noch nicht gelungen, einen passenden Partner /eine passende Partnerin zu finden. Warum soll ich überhaupt noch suchen, es gelingt ja doch nicht. Meine Sehnsucht nach Liebe, Geborgenheit, Vertrauen, Anerkennung und Zärtlichkeit ist jedoch sehr groß. Was mache ich bloß falsch?" Oder so ähnlich könnte deine Erwartungshaltung sein. Damit bestätigst du dein Scheitern erneut und ziehst es automatisch in dein Leben.
Ändere jetzt deine Erwartungshaltung, damit das was du dir wünschst in dein Leben kommt!
Deine Sehnsüchte beinhalten auch deine Wünsche.
Stell dir vor, wie sich deine neue Glücksbeziehung anfühlt. Begib dich dort hinein. Stell dir vor, wie der Mann/die Frau an deiner Seite sein sollte. Wie er/sie aussieht, wie er/sie riecht, wie es sich beim Sex mit ihm/ihr anfühlt, was du alles dabei machst und was er/sie alles dabei macht, welche Gespräche ihr führt, wohin ihr gemeinsam ausgeht, alles was

dir wichtig ist. Das sind jetzt deine neuen Erwartungen!
Diese solltest du nicht zu streng setzen. Es gibt immer noch eine Steigerung der Möglichkeit, die du dir vorstellst. Lass dir Spielraum für Ergänzungen, die du noch nicht kennst. Worüber du noch keine klare Vorstellung hast, kannst du offen lassen und abwarten bis sich eine Idee einstellt, die dir gefällt. Du musst dir nicht gleich ein perfektes Bild kreieren.

Wenn du dir alles dieses vorstellst, könntest du dabei denken, dass es schmerzlich ist, es nur in der Einbildung mit den Gefühlen zu durchleben, ohne es tatsächlich zu haben. Das ist die negative Betrachtungsweise. Du könntest es auch derart annehmen, dass alles der Vorfreude dient. Du denkst und fühlst vorher das, was du dir wünschst und ziehst es dann in dein Leben. Ist das nicht eine fantastische Sichtweise? Du kreierst dir deine Zukunft und ziehst sie damit an. Mit welcher Herangehensweise würdest du dich wohler **fühlen**? Das Fühlen ist immer der entscheidende Faktor. Gerade wenn es um eine neue glückliche Liebe geht, ist die Gefühlswelt äußerst wichtig.

Übe dich darin, wie sich deine glückliche Liebesbeziehung anfühlt.

Lass deinen Kopf dabei beiseite und sei dir gewiss, dass deine Vorstellung sich verwirklichen wird. Zweifel sind hemmend und nutzlos. Sie kosten dich Kraft und Zeit. Gehe jeden Tag in den Zustand deiner neuen Liebe. Bitte darum. Gehe noch einen Schritt weiter und bedanke dich in Demut beim Universum, dass alles bereits so eingetreten ist. Stell dir auch hier wieder vor, wie es sich anfühlt. Du hast die Macht, deine gewünschten Veränderungen gezielt zu bewirken.
Nutze sie und glaube daran, und glaube an dich!
Dem Fühlen kannst du auch innere Bilder hinzufügen, die ein intensiveres Bewusstsein erzeugen.
Gehe immer mit allem spielerisch um und sorge dafür, dass es dir dabei gut geht.

Deinen Erwartungen wirst du noch einmal begegnen. Wenn du einen guten Partner/eine gute Partnerin gefunden hast, wirst du aus deinen Erfahrungen ihm/ihr gegenüber viele Erwartungen haben. Hier gilt es achtsam zu sein und nicht falsche Beurteilungen und Anschuldigungen vorzunehmen. Deine Vorgeschichte gehört zu dir und seine/ihre zu ihm/ihr. Jeder benötigt genügend Freiraum, um seine eigenen Verletzungen zu verarbeiten und sie nicht dem anderen anzuheften. Diese Thematik wurde bereits angesprochen. Versuche möglichst, dich in deinem konkreten Leben mit anderen Menschen von Erwartungen zu befreien. Sie schränken die Anzahl der Möglichkeiten in einer Begegnung ein. Sei immer offen für Neues. Lass dich auf Anregungen in deiner Umwelt ein und überprüfe deren Relevanz für dich.

Das gesamte Muster der Beziehungen

Unsere Beziehungen bewegen sich immer wieder in denselben Regionen. Einige Erwartungen und Wünsche habe ich schon angesprochen. Jeder Mensch, der sich eine Beziehung wünscht, möchte gerne in Harmonie und Glück leben. Wenn wir unsere Ängste aus den Prägungen heraus nicht hätten, wäre das auch gar nicht so schwer. Wir gehen aufeinander zu und haben die gleichen Grundziele. Warum geht es dann doch nicht gut?

Das klassische Modell

Du gehst an bestimmte Orte mit der Vorstellung, hier den neuen Partner/die neue Partnerin zu finden. Dabei bist du dann vielleicht etwas nervös, weil du gerne attraktiv aussehen möchtest, um besonders gut auf die anderen zu wirken. Du putzt dich heraus und gibst dir viel Mühe. Dein Verhalten ändert sich mitunter ebenfalls, damit du die Aufmerksamkeit auf dich ziehst. Du entfernst dich von deiner natürlichen Ausstrahlung und Persönlichkeit, so dass dein Gegenüber dich nicht so wahr nimmt wie du wirklich bist. Eine Begegnung findet unter ganz anderen Voraussetzungen statt, als sie tatsächlich sind. Der andere hat ein anderes Bild von dir. Mit der Zeit entdeckt er, dass seine darauf aufgebauten Erwartungen an dich nicht dem entsprechen, was du wirklich darstellst, oder auch umgekehrt. Oft gibt es dann Enttäuschungen, die nicht zugelassen werden, um nicht wieder Enttäuschungen zu erleben. Schließlich will jeder in Harmonie und Glück leben. Die ursprünglichen Vorstellungen bleiben jedoch gespeichert und treten dann in den Vordergrund, wenn jemand auftaucht, der diesen entspricht. Jetzt könnte es sein, dass ein Fremdgehen inszeniert wird. Die möglichen Folgen daraus sind wohl jedem bekannt.

Hinzu kommt, dass permanent etwas unterdrückt wurde und Unzufriedenheit sich ausbreitet. Diese wird dann an ganz anderer Stelle ausgelebt und verursacht Disharmonie. Der Aufbau des Trennungspotenzials hat begonnen. Nun neigen wir Menschen meist dazu, alles nicht zu beachten und jedwede Auseinandersetzung mit der Wahrheit zu fürchten.

Immer wieder kommt es zu Komplikationen, wenn wir die Wahrheit nicht akzeptieren wollen. Das gilt für alle Lebensbereiche. Wir leben dann des lieben Friedens willen und aus Bequemlichkeit oder Angst heraus anders als es zu unserer Person gehört und das erzeugt Unzufriedenheit.

Der Partnerschaft ist es nicht zuträglich, vor der eigenen Wahrheit davon zu laufen.

Wenn du dich unwohl fühlst, hat das immer einen Grund, egal wie die momentane Emotion sich darstellt. Du hast die Möglichkeit, deine Wahrheit herauszufinden, wenn du deinem unguten Gefühl folgst und nicht unterdrückst. Dann setzt du dich mit dir und deinen Beziehungsmustern auseinander und musst sie nicht mehr leben. Der andere wird in diesem Moment nicht verstehen, warum du so schlecht gelaunt bist. Gib ihm die Chance, dich zu verstehen und erkläre ihm deine Situation. Wenn du deine Wahrheit dazu noch nicht herausgefunden hast, so teile das mit und ermutige den anderen, dich dabei zu unterstützen. Das kann in der Form erfolgen, dass du dir wünschst, darauf nicht immer wieder angesprochen zu werden.

Der andere wird eventuell in sein eigenes Muster fallen und es auf sich beziehen, indem er denkt etwas falsch gemacht zu haben. Um sich Gewissheit zu verschaffen, kommen nun immer wieder Fragen. Geht behutsam miteinander um und bezieht nicht die Ängste des anderen auf euer Verhalten. Es hat nur dazu geführt, dass sie sich zeigen und jetzt liebevoll betrachtet und aufgelöst werden dürfen.

Wie bereits angeführt, hat jeder seine eigene Vorgeschichte mit in die neue Beziehung gebracht.

Wertschätzung

Die gegenseitige Wertschätzung ist das A und O einer glücklichen Beziehung.
Lasst euch nie dazu hinreißen, Worte zu dem anderen oder auch über den anderen zu gebrauchen, die keine Wertschätzung und keinen Respekt ausdrücken. Wenn ihr auch noch so erzürnt über eine Situation seid, denkt immer daran, dass jeder aus seinen eigenen Erfahrungen daran beteiligt ist. Nehmt diese als Mittel zur Verfügung, gemeinsam eine Veränderung aus der jeweiligen Position heraus zu erreichen. Sprecht behutsam darüber, was euch bewegt und wie es euch damit geht. Bleibt dabei, von euch zu sprechen und dem anderen nur eine Darstellung der eigenen Empfindungen zu präsentieren. Dann fühlt der andere sich nicht bedrängt oder gar angeschuldigt und kann dir entspannt zuhören. Eine gute Grundlage der gegenseitigen Wertschätzung stellt sich nun ein und damit hört das Streiten automatisch auf. Respektiert die Sorgen und Ängste

des anderen und unterstützt euch gegenseitig in der Auflösung zum Guten.
Alles hat auch seine gute Seite, es gilt sie nur zu erkennen und zu nutzen!

Achtsamkeit

Mit der Wertschätzung ist auch die Achtsamkeit verbunden. Ein solcher Umgang miteinander erzeugt harmonische Situationen. Es wird ein gewisses Feingefühl für den anderen aufgebaut, das ihm Geborgenheit und Bestätigung gibt. Behutsame Aussagen der eigenen Wünsche lassen sich gerne gegen Anschuldigungen an den anderen austauschen. Achte den anderen so wie er/sie ist und führe fort, dich selbst zu achten wie du bist. Macht euch gegenseitig Komplimente, sagt dem anderen, was euch an ihm/ihr gefällt. Es tut gut, Bestätigung zu erfahren. Benutzt nicht nur die Worte, sondern unterstreicht es auch durch euer Verhalten. Tauscht den Angriff gegen Zuwendung und Achtsamkeit aus. Euer Wohlbefinden wird sich immer mehr ausbreiten.

Lebt miteinander und nicht gegeneinander!

Anteilnahme

In der Anteilnahme liegt ebenfalls die Bestätigung des anderen. Wenn bei deinem Partner/deiner Partnerin ein altes Beziehungsmuster auftaucht, dann beziehe es nicht auf dich, sondern höre ihm/ihr zu und lass ihn/sie eigene Erkenntnisse daraus ziehen. Unterstütze ihn/sie darin, dass du Anteilnahme zeigst und ihn/sie im eigenen Gefühl sein lässt. Betrachte dieses Gefühl von seiner/ihrer Position und verstehe ihn/sie aus seiner/ihrer Geschichte heraus. Lass deine eigenen Emotionen beiseite. Die gehören wieder zu einer ganz anderen Geschichte. Sei dir dessen immer bewusst. Solltest du dich in dem Moment nicht gegen sie wehren können, so sprich es mit dem Hinweis aus, dass du dich danach wieder dem anderen besser zuwenden kannst. Dann hast du auch für dich gesorgt und kannst später näher darauf eingehen. Wenn dein Partner/deine Partnerin dazu bereit ist, geht er/sie jetzt in seine/ihre Anteilnahme dir gegenüber.

Wenn ihr euch auf die Geschichte des anderen einlasst, dann geht auch auf das Gefühl des anderen ein. Lasst ihn darin seine Chance der Eigenwahrnehmung und Veränderung ergreifen. Haltet euch jedoch davon fern, selbst ebenfalls in sein Gefühl zu gehen. Dann würde es zu einer Vermischung mit eigenen Komponenten kommen und es könnte ein Chaos daraus entstehen.

Vorwürfe

Jahrhundertelang war es üblich, den anderen Menschen gegenüber Vorwürfe zu machen, wenn es jemandem schlecht ging.
Der andere ist Schuld an dem miserablen Zustand, er hat uns da hinein gebracht. Wenn er sich besser verhalten hätte, unseren Erwartungen und Wünschen entsprechend, dann würde es uns jetzt mit ihm gut gehen. So jedoch hat er alles vermasselt. Wir haben uns schließlich korrekt verhalten und sind uns keiner Schuld bewusst.
Jetzt ist es an der Zeit, diese alte Verhaltensweise aufzugeben und die eigenen Anteile an der gegebenen misslichen Situation von denen unseres Partners zu trennen. Wie bereits dargestellt, sind immer beide beteiligt.
Entwickele Verständnis für dich selbst und für den anderen.

Betrachte die Situation von beiden Seiten her.

Erforsche die Zusammenhänge, die zu deinem Verhalten und jene, die zu seinem/ihrem Verhalten geführt haben. Achte jedoch darauf, beides sorgfältig voneinander zu trennen. Sprecht darüber, was ihr gerade empfindet. Lasst den anderen es wissen, so dass ihr besser aufeinander eingehen und euch verstehen könnt. Lasst jedem so viel Zeit wie er/sie benötigt. Wenn etwas nicht ganz klar verstanden wurde, dann stellt die entsprechenden Fragen. Damit lasst ihr keine neuerlichen Zweifel und Ungewissheiten aufkommen. Wenn eventuelle Fragen später auftauchen, dann stellt sie jetzt.

Auf der anderen Seite ist es jedoch nicht sinnvoll, die Angelegenheit zu sehr auseinander zu nehmen. Wenn das wichtigste gesagt ist, ist es gut und es sollte nun ein Schlussstrich gezogen werden. Es erfordert etwas Feingefühl, den richtigen Punkt hierfür zu erkennen. Kommt das Thema später nochmals mit neuen Erkenntnissen hoch, so lasst es zu und geht darauf ein. Immer möglichst aus der Neutralität dem anderen gegenüber heraus. Das gelingt nicht sofort, jedoch von Mal zu Mal besser. So erlangt ihr einen leichteren Umgang miteinander, jeder fühlt sich ernst genommen und die Liebe kann umso mehr erblühen. Gerade in der ersten Zeit kommen die alten Ängste und Abwehrreaktionen hervor, die noch mit den ehemaligen Beziehungen im Zusammenhang stehen. Jetzt könnt ihr durch gezieltes Annehmen und Anerkennen dessen eure Veränderung in eine gute Qualität der Liebe, eventuell sogar gemeinsam, bewirken. Das ist das angestrebte Ziel.

Unsicherheiten

Unsere Unsicherheiten sind große Störfaktoren für freie ungezwungene Begegnungen. Sie stammen aus Erfahrungen her, in denen wir uns verletzt, gedemütigt, verunsichert, beleidigt, erniedrigt und dergleichen fühlten. In der Erwartung, eine ebensolche Erfahrung nochmals durchleben zu müssen, werden wir verunsichert und wissen nicht, wie wir uns richtig verhalten sollen. Innere Widersprüche treten auf. Einerseits hast du bestimmte Wünsche und genaue Vorstellungen dessen, wie diese in Erfüllung gehen sollten und andererseits sind die Befürchtungen vor weiteren Missständen sehr ausgeprägt.

Wie machst du es nun richtig? Wie kannst du dich von deinen Ängsten vor erneuten Verwundungen befreien? Das scheint eine große Herausforderung zu sein. An diesem Punkt benötigst du viel Geduld mit dir selbst. Gib dir die nötige Zuwendung und das dazugehörige Selbstvertrauen. Erwarte nicht von dir, dass du nach zwei, drei Versuchen gleich perfekt bist. Lass deine alten Ängste zu und sprich über sie, mit deinem neuen Partner oder, wenn du befürchtest etwas Falsches zu sagen, zunächst mit einem guten Vertrauten. Wichtig ist, dass du diesen Schritt gehst. Nutze hierfür die Übung der Selbstliebe.

Vergiss dabei nicht, dass der andere ebenso seine Unsicherheiten hat, ob er sie nun durch betontes Selbstbewusstsein oder Zurückhaltung ausgleicht. Ihr seid in derselben Position von erfahrenen Verletzungen, jeder auf seine Weise. Sieh diese Tatsache als verbindendes Element in eurer neuen Beziehung an. Geh hiermit behutsam um und fordere nicht die gleiche Ansicht bei dem anderen ein. Jeder geht die Schritte der Veränderung auf seine Weise und in seinem Tempo. Was sich für dich richtig anfühlt muss sich nicht auch für den anderen richtig anfühlen. Gestehe im das zu und bleibe im Respekt und der Achtung ihm gegenüber. Er hat das Recht auf seine Meinung und du auf deine. Keiner von euch muss sich dem anderen anschließen. Verschiedenheiten können im richtigen Umgang miteinander einen konstruktiven Beitrag für eine erfüllte Beziehung leisten.

Schamgefühl

Aus unserer Kindheit kennen wir alle das Gefühl der Scham. Es wurden zarte intime Gefühle verletzt. Peinliche Situationen aus Unwissenheit oder Grobheit, aus der Sicht des Erwachsenen heraus wurden konstruiert. Das Kind konnte damit nicht umgehen und schämte sich dafür. Die unschuldige Seele fühlte sich verwundet und konnte noch keine andere Erwiderung leisten. Da die Erwachsenen das Vorbild sind und ihre Liebe absolut wichtig ist, müssen wir stillhalten und können nur das innere Gefühl wahrnehmen. Wir gehen davon aus, dass alles richtig ist, weil wir es nicht besser wissen. Sie sind es, von denen wir das Leben lernen. Die Erfahrung der Scham tritt wieder auf, wenn eine ähnliche Situation entsteht. Das Gefühl ist sehr ausgeprägt und hindert uns daran, unsere Wünsche auszusprechen oder auch Komplimente weiter zu geben. Komplimente können auch das Gefühl der Scham und der Überforderung herbeiführen. Daher scheuen wir uns mitunter anderen gegenüber, solche auszudrücken und sind uns dabei nicht bewusst, dass jeder gerne Bestätigungen hört.

Wenn du das kennst, beginne mit kleinen Nettigkeiten. Sage dabei das, was du wirklich empfindest und nicht das, wovon du denkst, dass es der andere hören möchte. Sei authentisch und lass dein Herz dabei sprechen. Was du ehrlich empfindest wird auch ehrlich angenommen und kann nur eine gute Situation herbeiführen.

Wenn du Angst vor Komplimenten hast, dann gestatte dir das über dich anzuhören, was dein Partner/deine Partnerin an dir schätzt. Mitunter ist es genau etwas, das du an dir nicht magst. Dann genieße es, dass er/sie dich anders sieht als du selbst, dass er/sie genau das an dir liebt. Nimm es an und wertschätze dich dafür, dass es zu dir gehört und einen Teil an dir ausmacht. Nutze es als Bestätigung deiner Persönlichkeit und spiele es nicht mit abwertenden Gedanken oder Bemerkungen herunter. Freue dich über die positive Sichtweise. Manchmal ist es genau das, was dich für ihn/sie so attraktiv und liebenswert macht. Lass es zu.

Wenn du dir etwas wünschst und nicht genau weißt wie dein Partner/deine Partnerin darauf reagiert, dann beginne mit einem entsprechenden Beispiel bei anderen und beobachte seine/ihre Sichtweise. Sollte diese positiv sein, füge hinzu, dass du dir das ebenfalls wünschst oder zumindest vorstellst. Ein vorsichtiges ehrliches Herantasten ist immer besser als das harte Aussprechen. Es ist ein guter Weg den anderen besser kennenzulernen, ohne dabei seine und die eigenen Gefühle zu verletzen. Wie weit du jeweils mit dem Aussprechen deiner Wünsche gehst, entscheidest du selbst. Wenn dein Partner/deine Partnerin eine Region betritt, die dir zu unsicher ist, dann sprich es aus. Bitte darum, diesen Punkt später zu erörtern, bis du dazu bereit bist. In der Liebe ist es unabdingbar, Unsicherheiten aus Scham heraus zu respektieren. Zeige dich so wie du bist und traue dich, deinen wunden Punkt darzustellen. Weise darauf hin, dass du dich jetzt sehr deinem Partner/deiner Partnerin gegenüber öffnest und du Aufmerksamkeit und Rücksichtnahme erbittest. Das schafft Vertrauen und tiefere Verbundenheit. Ist er/sie nicht dazu bereit, dann habt ihr eine ungünstige gemeinsame Basis. Du kannst jetzt wählen, was du möchtest: eine Beziehung mit momentan noch wenig Vertrauen, das ihr jedoch gemeinsam aufbauen könnt, oder einen Schlussstrich ziehen und mit einer anderen Person wieder von vorne beginnen. Prüfe ob dir diese Beziehung sehr viel Wert ist und du daran arbeiten möchtest, um die vorhandene gemeinsame Basis weiter auszubauen. Dieser Punkt tritt in jeder Anfangsphase immer wieder auf. Ein zu frühes Aufgeben sollte ebenfalls gut überlegt sein.

Wenn ihr beide dazu bereit seid, füreinander und miteinander zu kämpfen, dann ist es eine wunderbare Voraussetzung für eine glückliche Liebe.

Liebe

Was ist Liebe? Diese große Frage steht immer wieder im Raume. Es gibt Menschen, die von sich behaupten, gar nicht zu wissen, was Liebe ist. Es gibt Menschen, die denken Liebe zu spüren und dabei nur Sehnsüchte befriedigen.
Liebe hängt mit vielem zusammen. Alles was hier bisher beschrieben wurde, gehört zu echter Liebe.

Es gibt verschiedene Konstellationen, in denen Liebe gelebt wird. Viele Arten von Liebe existieren.

Die erste Liebe erleben wir mit unseren Eltern. Wenn wir geboren werden, bringen wir bedingungslose Liebe für sie mit. Wir tun alles, damit wir ebenfalls von ihnen geliebt werden bis hin zur Selbstaufgabe. Wir erfüllen ihre Erwartungen in der eigenen Erwartung, geliebt zu werden. Das was sie mit uns leben und wie sie sich uns gegenüber verhalten, lernen wir als Liebesbeweise anzuerkennen und übertragen diese auf unsere späteren Liebesbeziehungen.

Liebe wird von Beginn an mit Bedingungen verknüpft.

Das Kind lernt, dass es bestimmte Regeln gibt, nach denen Liebe verteilt wird. Diese können in den Familien sehr unterschiedlich sein. Sie können mit Wertschätzung und Respekt verbunden sein und auch mit Brutalität und Verachtung. Seelische und körperliche Verletzungen sind dann an der Tagesordnung und werden als Liebesbeweis von dem Kind anerkannt. Das wird dann wiederum auf dessen Nachfolger übertragen, wenn hier keine Bewusstwerdung und Veränderung stattfinden.

Liebe findet ebenfalls zwischen Geschwistern statt. Oftmals gibt es Eifersucht und Konkurrenzdenken zwischen ihnen: „ Die Eltern könnten den anderen mehr lieben als mich.“ Damit werden Verhaltensmuster aufgebaut, um den anderen bloßzustellen und sich selbst als besonders liebenswert hervorzuheben. Da beide sich besonders darstellen wollen, ist Streit hierbei ein sicheres Mittel des Versuches, sich durchzusetzen. Damit wird ein Grundstein zu dem späteren Sozialverhalten in der Gemeinschaft gelegt. Kluge Eltern werden den Kindern beibringen, dass es wichtig ist eine eigene Sichtweise zu haben und jeder dabei gleichermaßen von allen Familienmitgliedern Wertschätzung und Achtung erfahren muss. Bei einem Umgang in dieser Form wird kein Streit mehr benötigt und das Kind lernt, sich auszudrücken und andren zuzuhören.

Wenn wir auf unsere ersten Liebespartner treffen, haben wir über die Liebe schon so einiges gelernt. Nun kommt noch die körperliche Anziehung hinzu, die den Prägungen des Familienlebens angepasst wird. Gab es einen liebevollen und achtsamen Umgang miteinander, werden wir jetzt auch in dieser Form Annäherungen suchen. Und umgekehrt ebenso. Das Ausprobieren in vielerlei Hinsicht beginnt und die Möglichkeiten ergeben sich aus dem Verhaltensbild jedes einzelnen heraus. Manche sind dabei sehr gelassen und haben bis hierher schon ein gutes Selbstwertgefühl aufbauen können und andere sind wieder sehr zögerlich. Wer viele Verunsicherungen erlebt hat wird nun auch sehr unsicher sein. Das macht jedoch nichts, denn das Ausprobieren führt zu einer eigenen Sichtweise und einem eigenen Umgang mit der Liebe. Der wichtige Schritt dabei ist, sich dem eigenen Maß entsprechend zu trauen.
Wenn du dann das Glück hast, einen Partner zu treffen, der dich versteht und dich dabei unterstützt, ist das eine gute Voraussetzung für ein gemeinsames Gelingen. Das Verstehen des anderen erfordert von dir, dass du bereit und in der Lage bist, eine gut verständliche Darstellung deiner Gefühle und deiner Gedanken zu geben. Mach es so gut du es kannst. Es lohnt sich in jedem Fall.
Die Unsicherheit begegnet uns immer wieder in der Liebe und wir dürfen dadurch lernen. Wir dürfen ausprobieren und in Erfahrung bringen, was zu uns passt.

Vertrauen

Hier sind wir an einem der schwierigsten Punkte der Liebe angelangt. Das Vertrauen wird oft schon in ganz früher Kindheit gebrochen und dementsprechend denken wir uns Abwehrmechanismen oder Rollen der Unterwerfung und der Ohnmacht aus. Wir können uns in diesem Alter noch nicht differenzieren und eigene Sichtweisen entwickeln und sind dem ausgeliefert, was uns geboten wird. Nur in der späteren Beobachtung und Umsetzung dessen, was unseren Bedürfnissen entspricht, haben wir die Chance unsere selbst erzeugten Mechanismen abzulegen.
Wenn wir uns etwas trauen, können wir wieder in das Vertrauen kommen. Mit einem/einer feinfühlenden Partner/Partnerin, der/die auf dich eingehen, dir zuhören und dir

Aufmerksamkeit und Bestätigung schenken kann, wirst du es zurückgewinnen können. All das solltest du dir auch selbst schenken, um wieder in dein angeborenes Selbst-Vertrauen zu kommen und den gemeinsamen Prozess damit zu unterstützen.
Es ist ein Weg mit viel Sensibilität, Einfühlungsvermögen, Sammeln von Erfahrungen und großer Geduld von beiden.

Es gehört viel Mut dazu, die eigene Verletzlichkeit zuzulassen und sie zu zeigen.

Dann kann gegenseitiges Vertrauen entstehen und eine sehr innige, berührende Liebe entstehen.

Glück

Wir sind meist damit vertraut, wie sich das Leiden anfühlt. Oft wird zunächst der negative Aspekt einer Situation angesehen und dementsprechend beachtet und gelebt. Das altvertraute Gefühl des Leidens kennen wir gut und entfachen dieses noch mit unseren Ängsten. Zuerst ziehen wir in Betracht, dass das Leid in irgendeiner Form sich wieder einstellt. Zu oft haben wir es schon durchlebt und bis zur Verzweiflung ertragen. Die Hoffnung kehrt dann irgendwann zurück und unsere Bereitschaft für einen neuen Versuch erlangen wir wieder. Auf der Suche nach dem Glück sind wir immer in Begleitung der Angst, es könnte wieder dasselbe Leiden entstehen.
Mit den bisher dargestellten Anregungen hast du vielleicht schon deine Vorstellungen und Erwartungen verändert und damit dir selbst die Chance gegeben, jetzt eine andere Begegnung zu erleben und einen Menschen mit anderen Qualitäten in dein Leben einzuladen. Und doch kommen wieder die alten Zweifel und Unsicherheiten.

Wenn deine neue Begegnung sich gut anfühlt und du den Eindruck hast, dass es dieses Mal anders und vor allem besser klappen könnte, stehst du der Herausforderung gegenüber, nun dein Glück einzuladen und es festzuhalten. Vom Glück träumen wir alle und wenn es sich dann zeigt, schrecken wir oft davor zurück. Wir können dann nicht verstehen, dass ausgerechnet jetzt nach so langer Zeit ausgerechnet wir glücklich sein dürfen. Ein neuer Umgang mit einer neuen Lebenssituation stellt sich nun ein.

Wir dürfen wieder lernen, das Glück zuzulassen.

Manchmal müssen wir sogar lernen, das Glück zu ertragen. Zu groß sind dann die Zweifel, dass wir es einfach annehmen dürfen und können. Der Verstand kommt dann wieder in den Vordergrund und tischt uns alle Gegenargumente auf, abgesehen davon, dass er manches Gefühl nicht einordnen kann. Das Glücksgefühl, das uns ganz neue Facetten des Lebens schenkt, gilt es zu erobern und auszuhalten. Unsere Lebensqualität hat sich nun immens erhöht und mit viel Achtsamkeit kann diese gehalten und weiterhin gesteigert werden. Die Erlaubnis dafür kannst du dir nur selbst geben.
Wenn du das Glück kennengelernt hast, genieße es in jedem Moment. Sei dir bewusst, dass alles was du jetzt erlebst, ein Resultat deiner Bemühungen zur Veränderung deiner Person, deiner Sichtweise, deinem Umgang mit dir selbst und dem anderen ist. Das hast du dir verdient und darfst es **jetzt** erleben und genießen. Du hast viel dafür getan, dass du nun deine Wünsche mit realem Leben füllen kannst.

Wenn du glücklich bist, teile es den anderen mit. Deine gesamte Ausstrahlung zeigt es ihnen automatisch. Lass sie so weit, wie es für dich richtig ist, Teil haben an deinem Glück. Gib ihnen die Chance anzuschauen, wie es ist, wenn jemand glücklich ist. Zieh sie ein wenig mit hinein in den Sog der Glückseligkeit. Vielleicht werden sie dann von dir angesteckt und kommen somit ihrem eigenen Glück einen Schritt näher. Vielleicht fassen sie wieder Mut und trauen sich, sich den eigenen Wünschen und Träumen wieder hinzugeben. Sollte jemand mit Neid reagieren, dann nimm es nicht persönlich.

Alles was du anderen gibst, kommt tausendfach zu dir zurück. Das bedeutet, dass du dadurch dein eigenes Glück steigerst. Lass es zu, dass gerade du es jetzt bist, der/die das Glück gefunden hat und es nun nach langer Geduld und vielen Bemühungen zur Veränderung festhalten darf.
Wenn ihr beide es schafft, euch immer mit viel Respekt und achtsamen Worten zu begegnen, habt ihr eine wunderbare Grundlage, euch euer Glück zu bewahren und es noch zu steigern.
Jede Situation dient der Vollendung deiner Rückkehr zu deiner wahren Person, dem wahren Wesen, das du bist. Zu diesem gehört das Glück automatisch. Nimm die Begegnungen an und nutze sie liebevoll für deinen Weg zu dir selbst. Danke dem anderen dafür, dass er dich darin begleitet und dir durch seine Herausforderung gedient hat, sei es im Hinblick auf negative Emotionen oder im Aushalten und Zulassen des gerade erlebten Glückes.

Wie du dir dein Glück über lange Zeit erhalten kannst

Das Glück zu erlangen ist sicherlich nicht ganz einfach, es erfordert unseren persönlichen Einsatz. Sich das Glück auch über lange Zeit zu bewahren, ist dann der nächste Schritt. Achtsamkeit und Respekt sind und bleiben die Grundlage dafür. Sollte einmal ein Streit entstehen, so ist es wichtig sich danach wieder auf der Ebene des gegenseitigen Respektierens zu begegnen und sich zu bemühen, den anderen in seiner Sichtweise zu verstehen und so anzunehmen. Diesen Schritt kannst du noch steigern, indem du immer mehr übst, keinen Streit entstehen zu lassen. Mit der Übung, sich seinen eigenen emotionalen Reaktionen auf das Verhalten des anderen nicht mehr zu unterwerfen und möglichst neutral zu bleiben, gelingt es von Mal zu Mal besser.

Sehr oft schleicht sich nach kürzerer oder längerer Zeit eine gewisse Routine in den Gemeinsamkeiten ein. Sorgt für Abwechslung in kleinen Dingen. Verwöhnt euch gegenseitig. Jeder kann dem anderen abwechselnd den gleichen Dienst nach dessen Vorstellungen erweisen. Dann habt ihr keine starre Aufteilung, was wer zu tun hat. Der andere wird sich freuen, wenn du den Müll mitnimmst und er es nicht tun muss und umgekehrt. Überrascht euch gegenseitig mit Aufmerksamkeiten, indem ihr die Aufgabe des anderen übernehmt oder indem ihr euch eine neue Handlungsweise ausdenkt. Zum Beispiel kannst du ihn mit einer Bestellung beim Pizzadienst begeistern, wenn er so gerne Pizza isst. Oder du kannst ihr außerhalb der gewöhnlichen Anlässe ab und zu einen Blumenstrauß mitbringen, vielleicht merkst du dir ja ihre Lieblingsblumen. Schenkt euch gegenseitig Konzert- oder Kinokarten, von denen ihr genau wisst, dass es dem anderen gefällt, damit keine Enttäuschung aufkommen kann. Es gibt viele Kleinigkeiten, die nicht kostspielig sein müssen und einen großen Effekt erzielen können.

Ebenso verhält es sich mit den gemeinsamen Aktivitäten. Probiert einmal ein anderes Restaurant aus, geht in eine andere Bar oder einen anderen Club. Tu dem anderen den Gefallen und geh mit ihm dorthin, wozu du sonst keine Lust hast. Dann lernst du es kennen und vielleicht gefällt es dir ja auch. Zumindest zeigst du Interesse an dem, was ihm/ihr gefällt und du hast jetzt deine ganz eigene Meinung dazu. Dafür wird er/sie dich lieben und sich respektiert und von dir beachtet fühlen. Wenn du es jedoch total ablehnst, musst du dich nicht auf Biegen und Brechen dazu überwinden.
Auf jeden Fall ist es wichtig, gemeinsame Unternehmungen durchzuführen und ab und zu

etwas Neues dabei auszuprobieren. Solltet ihr etwas, wie zum Beispiel eine neue Sportart, aussuchen, wofür ihr beide keine Vorkenntnisse habt, ist es bestimmt sehr spannend und anregend.

In der Liebe ist es leichter, den Wünschen und Bedürfnissen des anderen offen zu begegnen.

Die Liebe beachtet mehr das Verbindende als das Trennende. Im Idealfall fühlen sich beide gleichermaßen zueinander hingezogen. Dann kann ein guter Ausgleich in allen gegenseitigen Bemühungen geschehen. In der entsprechenden Achtsamkeit wird jeder dazu beitragen, dass es dem anderen gut geht, mindestens genauso gut wie ihm selbst. Daneben hat jeder die Verantwortung auch für sich selbst zu sorgen. Das Geben und Nehmen auf allen Ebenen erfährt eine ausgewogene Struktur und beide fühlen sich wohl dabei.

Seid ehrlich und dankbar miteinander.

Seid ehrlich zueinander, sagt dem anderen was euch an ihm/ihr gefällt. Teilt eure wahren Gefühle mit. Sagt euch gegenseitig, was euch gefällt, wann ihr euch wohl fühlt, wann und wodurch ihr glücklich seid. Bedankt euch gegenseitig für das Wunderbare, das der andere euch gerade schenkt: ein überwältigendes Gefühl, Geborgenheit, seine/ihre Liebe, das kleine Geschenk, die Aufmerksamkeit und vieles mehr.

Lasst die Liebe immer wieder durch kleine feine Veränderungen erblühen.

Das Leben ist eine fortlaufende Veränderung für sich. Nutzt diese Tatsache als Chance für eine fortwährend glückliche Liebesbeziehung. Setzt das Positive in den Vordergrund und baut darauf auf.
Ebenfalls wird sich jeder von euch über die Zeit verändern. Unterstützt und ergänzt euch darin. Es wird gemeinsame und unterschiedliche Punkt der Veränderungen geben. Vielleicht treten auch neue Interessen auf, die ihr beide oder nur einer von euch für sich entdeckt. Akzeptiert es und lasst es zu.
Jeder sollte dafür sorgen, dass er innerhalb der Paarbeziehung seinen eigenen Freiraum hat. Hierzu gehört es auch, sich ab und zu mit seinen Freunden ohne den Partner zu

treffen. Achtet jedoch stets darauf, dass er/sie sich nicht ausgeschlossen fühlt und eventuell eifersüchtig werden könnte. Das Maß aller Dinge ist immer sehr wichtig.
Ebenfalls sollte jeder von euch die Möglichkeit haben, sich zurückzuziehen und allein zu sein. Wenn ihr zwei Wohnungen habt, ist diese Voraussetzung gegeben. Solltet ihr dann „zusammenziehen", so ist es sicherlich von Vorteil, wenn ihr von Beginn an darauf achtet, dass jeder seinen eigenen Rückzugspunkt hat. Wenn ihr euch zwischenzeitlich auf euch selbst besinnt, könnt ihr euch entspannter und freier wieder auf die Begegnung einlassen. Eine kurze räumliche Trennung kann immer wieder die Freude und auch die Lust auf den anderen erhöhen.

Jeder hat sein eigenes Energiefeld, das immer wieder für sich selbst Bestand haben und in sich gestärkt werden sollte. Das kannst du durch Meditation, Sport oder eine dir angenehme Weise erreichen. Die Eigenständigkeit deines Wesens muss immer wieder bestärkt und gefestigt werden. Umso mehr kannst du in deiner Liebesbeziehung aus dieser Stärke heraus deine Position einnehmen, in der du dich neben deinem Partner/deiner Partnerin wohl fühlst und er/sie sich an deiner Seite wohl fühlt. Eine Beziehung in Symbiose, in der alles aufeinander abgestimmt ist, kann zu Überreaktionen und Abhängigkeiten führen. Das Aushalten und Standhalten in diesem Zustand führt oft schleichend zu einer Entfernung des einen und/oder des anderen Partners und schließlich zur Trennung. Jedoch gibt es auch Paare, die hiermit ihr Leben lang glücklich sind.

Immer wieder gilt es darauf zu achten, dass jeder seinen Teil der Verantwortung einbringt und für sich selbst sorgt.

Nun gilt es achtsam zu sein und sich auf das gemeinsame zukünftige Glück zu freuen. Wenn nicht alles perfekt gelingt, so nutzt es zur Weiterentwicklung von euch beiden in der gegenseitigen Unterstützung.

Die Sexualität

Im Allgemeinen gehört in jede Liebesbeziehung eine gelebte Sexualität. Diese sollte frei von Zwängen sein und beiden gleichermaßen Spaß machen und Freude bringen. Sie sollte dazu dienen, einen Teil der Partnerschaft zu belegen und nicht ausschließlich Grundlage derselben sein. Die Gewichtung ist sicherlich bei jedem Paar unterschiedlich. Hier ist es von Vorteil, wenn eine gute Übereinstimmung vorherrscht.

Das individuelle Maß

Das Maß der Sexualität bestimmt jeder für sich. Manchmal dient sie zum Trost oder zur eigennützigen eventuell auch rücksichtslosen Befriedigung der eigenen Bedürfnisse. Hier ist Vorsicht geboten. Wenn einer den anderen ausnutzt, um an das von ihm gewünschte Ziel mit egoistischem Hintergrund zu gelangen, kann es dem anderen Kraft entziehen und ihn im Extremfall auslaugen. Dann dient einer dem anderen und das hat mit Liebe absolut nichts zu tun! Gibt es hier keine Einsicht und Veränderung, dann sollte eine solche Sexualbeziehung nicht von langer Dauer sein, egal welche Form von Sexualität du lebst.

Die Sexualität sollte beiden Partnern gleichermaßen Kraft und Glück schenken!

Wenn beide sich einig sind, dass sie jeden Tag vielleicht sogar mehrmals Sex miteinander haben möchten und es beiden damit gut geht, dann soll es so sein. Wenn ein anderes Paar wiederum nur einmal im Monat oder noch seltener Sex haben will, dann ist das ebenfalls richtig. Jeder muss sein eigenes Maß für sich aufstellen.
Wenn sich das nicht mit dem des anderen vereinbaren lässt, kann hier entweder eine Lösung gefunden werden, oder es kommt eher oder später zu permanenter Unzufriedenheit.
Dieser Punkt stellt sodann eine Herausforderung für das Paar dar. Ein gewissenhafter Umgang mit den eigenen Bedürfnissen ist eine bessere Grundlage für die Beziehung als das uneigennützige Eingehen auf die des Partners.

Beide sollten in der Lage sein, sich selbst zu respektieren und auf den anderen in dem für sich angenehmen Maße einzugehen. Das anhaltende Unterdrücken der eigenen Bedürfnisse zugunsten des anderen ist keine Lösung.

Liebe ohne Sexualität

Ausnahmen bestätigen die Regel. Mitunter treffen sich zwei Partner, die keinen Wert auf Sex legen und ohne körperliche Liebe glücklich miteinander sein können. Es tritt jedoch sehr selten die Situation ein, dass dieses Bedürfnis in gleichem Maße ausgeprägt ist. Wenn sich einer auf den anderen aus Rücksicht in diesem Punkt einlässt und doch nicht ganz mit ihm übereinstimmt, so ist das eine brisante Voraussetzung. Nach einer gewissen Zeit wird das unterdrückte Bedürfnis dann doch an die Oberfläche kommen. Wenn du in eine solche Situation kommst und ein gutes Vertrauensverhältnis zu deinem Partner hast, solltest du es wagen, das Thema vorsichtig anzusprechen. Gegenseitiges Zuhören verschafft noch mehr Vertrauen. Vielleicht kommt dein Partner/deine Partnerin ja auch auf den Geschmack. Die Lösung des Fremdgehens wäre sicherlich im Moment die leichtere, jedoch nicht die konstruktivere für eure Liebe.

Eine andere Möglichkeit läge darin, auf spielerische Art den anderen an das Thema heranzuführen. Durch kleine eindeutige Berührungen, die wie zufällig stattfinden, kannst du die Reaktion wahrnehmen. Soll es auf eine andere Art geschehen, so findest du es bestimmt heraus.
Manchmal gibt es auch Partner, die mit einer Nebenbeziehung sexueller Art einverstanden sind.
Wenn du einen Partner/eine Partnerin hast, die aufgrund von traumatischen Erlebnissen zunächst jegliche Sexualität ablehnt, ist hier viel Einfühlungsvermögen und Geduld von dir nötig. Bei echter Liebe zwischen euch beiden habt ihr gute Voraussetzungen für den Weg in eine liebevolle, zarte Sexualität, die sich langsam weiter entwickeln kann. Als Ergänzung bietet sich vereinzelt Unterstützung von außen an.
Stellt ihr beide andere Gemeinsamkeiten in den Vordergrund eurer Liebe und seid damit gleichermaßen glücklich, dann ist das eure persönliche Art der Liebe, die ihr lebt. Steht dazu und lasst euch von niemandem einreden, das sei nicht normal oder nicht möglich. Ich kann euch nur dazu beglückwünschen!

Die gelebte Sexualität

Dieses Thema umfasst viele Facetten. In der Sexualität gibt es viele Unterschiede, die aufeinandertreffen, sei es zwischen Mann und Frau, zwei Männern oder zwei Frauen.

Jeder Mensch ist ein Individuum mit seinen ganz eigenen Erfahrungen und Veranlagungen in diesem Leben. Immer wieder entstehen andere Konstellationen, auch in einer bereits existierenden Liebe. Wir entwickeln uns weiter und treffen auf unterschiedliche Menschen.

Zu diesem Thema gilt es, sehr behutsame Aussagen zu treffen.
Oftmals wird es zur Prahlerei unter Freunden/Freundinnen benutzt. Es wird berichtet , wie toll derjenige im Bett ist, was ihn/sie alles von den anderen hervorhebt, oder auch wie schlecht derjenige ist. Ein Vergleich sollte grundsätzlich nicht stattfinden. Jeder ist anders und nicht jeder Mensch passt zu jedem anderen. Die Aussage „Es muss die Chemie stimmen" gilt ganz besonders in der Sexualität. Die Beschaffenheit der Haut und der Geruch des anderen sind grundlegende Elemente für ein harmonisches sexuelles Zusammensein. Daher gilt die Aussage: „Du(er oder sie) bist(ist) gut/schlecht im Bett" nicht. Wenn diese Grundelemente nicht stimmig sind, kann auch keine so gute Sexualität damit entstehen wie es sonst der Fall wäre. Somit kann ein und dieselbe Person ganz verschiedene sexuelle Erlebnisse mit unterschiedlichen Partnern haben. Manche bemerken schon im Voraus, ob die Chemie stimmt oder nicht. Dann fühlen sie sich nicht von der anderen Person angezogen und es kommt nicht zu Intimitäten. Enttäuschungen und vielleicht sogar ein falsches Urteil können gar nicht erst entstehen.

Nach einem One-Night-Stand oder einigen wenigen Treffen mit einem Sexualpartner, solltest du immer Bedacht sein, ihm im Nachhinein in Achtung und Respekt zu begegnen, ob du ihn persönlich triffst oder über ihn sprichst. Schließlich hast du dich auf ihn eingelassen und ihn in dem Moment so akzeptiert wie er ist. Mit schlechtem Nachruf würdest du dir nur selbst schaden.
Andere prahlen wiederum mit ihren eigenen Leistungen im Bett. Wenn der Sex als Sportübung angesehen wird, sollte darauf geachtet werden, dass der Partner/die Partnerin das genauso sieht. Dabei ist keine Liebe im Spiel und es darf zu keiner Verletzung der Gefühle des anderen kommen.

Alles sollte immer im Einklang für euch beide geschehen.

Wenn sich beide nicht auf derselben Gefühlsebene treffen, werden neue Wunden kreiert. Einer wird immer das Nachsehen haben. Deshalb ist es wichtig zu wissen, was du willst, wenn du dich auf einen Sexualpartner/eine Sexualpartnerin einlässt. Nach einer Enttäuschung willst du vielleicht nur eine Bestätigung erhalten. Dann reicht eine oberflächliche Begegnung. Du solltest in diesem Falle dem anderen gegenüber signalisieren, dass du momentan keine tiefe Beziehung möchtest.

Wenn du auf der Suche nach einer neuen Liebe bist, ist es ratsam, darauf zu achten wie der andere dir begegnet. Sein Interesse an dir sollte auf die ganze Person gerichtet sein, und umgekehrt. Nach ersten Berührungspunkten könnt ihr gut feststellen, ob ihr das Verhältnis intensivieren wollt. Gibt es Gemeinsamkeiten, die ihr miteinander teilen und genießen könnt und seid ihr beide aneinander interessiert, ist es jetzt die Chance für einen Beginn in eine neue glückliche Liebesbeziehung. Diese entwickelt sich nicht von selbst. Jeder muss seinen Anteil zum guten Gelingen einbringen. Die Anfangsphase ist ein Herantasten an die Persönlichkeit und ihre Eigenarten des anderen. Dazu gehören Verhaltensweisen aus Erfahrungen heraus, Vorlieben, Abneigungen und anderes. Ihr solltet euch behutsam begegnen und mit Geduld herausfinden, was auf euer Gegenüber zutrifft. Anregungen hierfür gibt es oben.

Da die Sexualität im Allgemeinen ein Bestandteil dieser Phase ist, gilt es auch hier behutsam aufeinander zuzugehen. Gegenseitige positive Bestätigungen, indem ihr ausdrückt was euch gut gefällt, was euch Spaß macht, was ihr gerne miteinander genießt, wo ihr körperlich besonders empfindsam und dementsprechend erregend seid und dergleichen dürft ihr gerne zulassen und ausdrücken.
Zeig es dem anderen, indem du automatische Reaktionen deines Körpers zulässt. Der Körper weiß, was er mag und was er will. Du musst ihn nicht kontrollieren. Gerade in der Sexualität darfst du es einfach geschehen lassen, umso intensiver kannst du sie genießen. Lass alle Gedanken der Scham und der Unsicherheiten beiseite.

Du bist richtig so wie du bist.

Es gibt keinen Erfolgszwang, keine Perfektion und keine Beurteilungen! Sei so wie du bist. Tastet euch gegenseitig an eure Vorlieben, findet heraus, was dem anderen und euch selbst gut tut. Begegnet euch auf spielerische Art, lasst euch ein aufeinander. Vielleicht entdeckst du auch ganz neue Aspekt an dir, die sich jetzt zeigen dürfen. Sexualität hat mit Spiel, mit Leichtigkeit, mit Freude, mit Erfüllung, mit schönen Erlebnissen zu tun. Seid euch dessen immer bewusst und lebt sie so. Teilt dies von Anfang an durch gegenseitige Achtung und Aufmerksamkeit und bewahrt sie euch damit. Dann kann es nur noch schöner werden.

Neben der körperlichen Ebene tut es jedem Menschen gut, wenn auch verbale Ausdrucksweisen eine Bestätigung hervorbringen. Konzentriere dich hierbei auf das, was du als angenehm empfindest. Teile es deinem Partner/deiner Partnerin mit. Dann wird er/sie sich ebenfalls darauf intensiver einlassen. Bestätige, dass diese Handlungsweise, wie z. B. das Streicheln an einer ganz bestimmten Stelle oder wenn es besonders zärtlich ist, genau richtig für dich ist und du dich damit sehr wohl fühlst.

Sprecht darüber und zeigt euch gegenseitig, was euch besonders gefällt.

Hingabe

Wenn du mit der Zeit bemerkst, dass tatsächlich Liebe im Spiel ist und sich eine Vertrauensbasis zwischen euch entwickelt hat, wirst du dein Herz immer mehr für deinen Partner/deine Partnerin öffnen. Gerade nach starken Verletzungen und Enttäuschungen fällt dies anfangs sehr schwer. Die Angst vor neuen emotionalen Rückschlägen ist noch zu groß. Erlaube dir langsam, immer mehr das Gefühl der Liebe zuzulassen und ihm in Worten und in Handlungen Ausdruck zu geben. Bau behutsam das Vertrauen weiter auf und erlaube dir eine leichte Begegnung mit dem anderen.

Offenbart euch eure Liebe und lasst sie in die Sexualität einfließen.

Gebt euch diesem Zustand hin und teilt ihn miteinander. Öffnet euch der neuen Liebe in dem Tempo, das für euch angemessen ist. Gebt euch gegenseitig den Raum dafür. Es lohnt sich, da sich jetzt langsam eine steigende Intensität des liebevollen Erlebens in der Sexualität entwickeln kann. Teilt dieses miteinander und passt euch dem Tempo des eher Zurückhaltenden an. In der Sexualität, die mit wirklicher Liebe verbunden ist, ist Rücksichtnahme automatisch in Leichtigkeit vorhanden.
Kannst du dich immer mehr darauf einlassen, so entsteht und entwickelt sich deine Hingabe an die körperliche Liebe und an deinen Partner. Je mehr du alles einfach geschehen lässt, desto hingebungsvoller wird deine Sexualität. Dieser Zustand ist für

beide sehr bereichernd und sehr erfüllend. Gib dich den Berührungen, den Zärtlichkeiten deines Partners/deiner Partnerin hin, lerne immer mehr die Kontrolle loszulassen. Das kann dich bis in den Zustand der Ekstase bringen. Ekstase bedeutet „aus sich herausgetreten sein“, du lässt sämtliche Gedanken, Handlungen und Kontrollmechanismen von dir fallen. In dem Moment gehst du in die Verbindung mit dem „Großen Ganzen“, mit dem was viele Menschen Gott oder den göttlichen Raum nennen.

Spiritualität in der Liebe

Vielleicht gehörst du zu den Menschen, die regelmäßig meditieren und dadurch in den Zustand der Auflösung der menschlichen Begrenzungen gehen. Eventuell hast du deine ganz eigene Technik erlangt, wie du diese in deinem Bewusstsein und deinem Empfinden wahrnehmen kannst.

Wenn du hierzu noch keine Hinwendung erlangt hast und dem gegenüber offen bist, gibt es dafür viele Möglichkeiten des Kennenlernens. Durch Literatur, Übungsgruppen und Austausch mit anderen Menschen erhältst du viele Anregungen. Achte genau darauf, welche Darstellung, welche Methode und welche Lehrer oder Autoren dir gefallen. Zwinge dich nicht dazu, etwas für dich zu akzeptieren, obwohl du dich damit nicht wohl fühlst, nur weil andere davon überzeugt sind. Spüre immer in dich hinein und berücksichtige die Antwort, die aus deinem Inneren kommt. Diese ist immer richtig!

Die körperliche Ebene

Unser gesamtes Dasein besteht ausschließlich aus Schwingungen. Jedem Gegenstand und jedem Lebewesen liegt ein bestimmtes Schwingungsmuster zugrunde, so auch jedem Gedanken, jedem Gefühl und jeder Handlung. Alles ist Schwingung und begegnet sich darin untereinander. Somit ist alles ständig in Bewegung, auch wenn wir es nicht erfassen können. Die unterschiedlichen Frequenzen erlauben uns Menschen in der irdischen Dichte, sie wahrzunehmen oder sie entziehen sich uns. Es gibt klare abgegrenzte Gegenstände und klar wahrnehmbare Gefühle wie auch das, was wir nur erahnen können. Hierzu gibt es viel Literatur, in der du dich präzise informieren kannst.

Das bedeutet auch, dass der Äther, in dem wir uns bewegen, bestimmte Frequenzen und damit einen bestimmten Energiestatus hat. Die Chinesen nennen diese universelle Lebensenergie Chi oder Qi, die Hindus benennen sie mit Prana, die Griechen kennen sie als Pneuma und die Japaner benutzen das Wort Ki dafür. Sie ist immer um uns herum und steht uns ständig zur Verfügung. Durch spezielle Übungen wie z.B. im Qigong kannst du diese Lebensenergie bewusst in dir aufnehmen.

Jeder Mensch hat seine eigene Schwingung, die sich in der Aura wiederspiegelt. Die Aura ist das Energiefeld, das unseren Körper umhüllt. Normalerweise sehen wir diese nicht. Mit viel Übung kann es jedoch erlernt werden. Wenn du sie hingegen erspüren möchtest, gibt es hierfür eine einfache Übung:

Reibe deine Handinnenflächen ca. eine Minute lang aneinander und entferne sie dann wieder so weit voneinander, bis du einen gewissen Widerstand bemerkst. Es hat sich jetzt ein elektromagnetisches Spannungsfeld zwischen ihnen aufgebaut, das du in diesem Anstand der Hände zueinander spürst . Wenn du in deinen Handflächen ein Kribbeln, Kälte oder Wärme, Stechen oder etwas anderes fühlst, dann ist das eine ganz normale Reaktion deines Körpers und absolut harmlos. Nach einiger Zeit hast du vielleicht schon so viel Übung, dass du deine Handflächen über deinen Körper gleiten lassen kannst und hierbei den Punkt des Widerstandes zwischen Händen und Körperteilen herausfindest. Nun nimmst du dein Energiefeld, deine Aura, mit dem Tastsinn wahr. Probiere aus, wie dicht oder wie weit vom Körper entfernt du dieses spürst. Die Entfernung kann je nach deinem Wohlbefinden variieren.
Mit Hilfe des Energieflusses werden inzwischen viele Methoden angewandt, um zur Heilung von Krankheiten bei zu tragen. Entspannungsübungen wie sie z.B. im Yoga und Qigong vorkommen, helfen der Stressbewältigung und dem allgemeinen Wohlbefinden. Eure Sexualität in gegenseitiger Achtung und Würdigung hat denselben Effekt.

Da jeder Mensch über ein bestimmtes Energiefeld um den leiblichen Körper herum verfügt, gilt dieses gleichermaßen für dich und deinen Sexualpartner/deine Sexualpartnerin. Wenn ihr euch wie bei einer Umarmung körperlich nahe seid, vermischen sich eure Aurafelder miteinander. Nehmt es ganz bewusst wahr und genießt das Ineinanderfließen eurer Energien. Haltet dabei inne und gebt euch dem feinen oder auch starken Fluss hin, der euch beide gemeinsam umhüllt. Die Energiefelder der gegenseitigen Anziehungskraft verschmelzen nun. Im Innern des Körpers spürt ihr das ebenfalls. Wenn ihr keine Bewegung in der einfachen Umarmung oder auch in der sexuellen Vereinigung ausübt, erhöht sich die bewusste sensible Wahrnehmung dessen und eure Energien können in dem Maße durch euch hindurch fließen, wie es gerade richtig ist. Kontrolliert auch hier nicht und gebt euch dem hin. So entsteht ein meditativer Zustand, der euch beide in eurer Liebe trägt.

Verbindet euch jetzt bewusst mit den Herzen und spürt wie auch hier ein Orgasmus entstehen kann, ohne dass dabei die Genitalien einbezogen werden müssen.
Wie schon mehrmals dargestellt, ist das Üben ein wichtiger Bestandteil allen Erfolgs. Gebt euch bei allem Zeit und Geduld, lasst keinen Zwang und keinen Druck zu. Eine langsame Steigerung der Erlebnisintensität steigert eure Gefühle zueinander und eure Liebe.

Dabei kommt es nicht darauf an, es unbedingt zu wollen. Es ist ein Prozess, der sich in eurem Tempo von selbst entwickelt. Je mehr Kontrolle und die damit verbundenen Ängste überwunden werden, kann dieser voranschreiten. Selbstverständlich könnt ihr das Erlebnis derart steigern, dass der Genital- und Herzens-Orgasmus gleichzeitig geschieht. Geht immer mit Leichtigkeit in das Erleben, das euch den Weg und die Intensität von selbst vorgibt. Dann seid ihr auf dem Weg der göttlichen Ebene, die Sexualität miteinander zu zelebrieren. Würdigt eure Körper dafür, dass sie euch die Möglichkeit dieser Wahrnehmung und Erlebnisebne ermöglichen.

Die Seelenebene

Jeder von uns besitzt eine Seele, die unsterblich ist. So wird es seit Urzeiten immer wieder dargestellt. Ich gehe davon aus, dass dem so ist. Ebenfalls bin ich davon überzeugt, dass wir viele Male auf dieser Erde Leben in menschlichen Körpern erfahren. Dabei geht es darum, positive und auch negative Schicksale zu durchleben und uns auf diese Weise die unendlich vielen Möglichkeiten des großen göttlichen Bewusstseinsraumes zu verdeutlichen. Jeder hat sich dabei seine besonderen Ereignisse und Lernschritte ausgesucht. Diese können sich über mehrere Leben hinziehen, sofern sie nicht beendet wurden. Das bedeutet, dass du eine Erfahrung, die du nicht vollständig erlebt hast, in dein nächstes Leben hinüber trägst und eine neue Chance zur Vollendung deines Themas erhältst.

Wenn du diese Ansichten nicht mit mir teilst, ist das dein gutes Recht. Nimm sie als Anregung einer neuen Sichtweise über den Hintergrund unseres Lebens und entscheide dann, ob du etwas davon annehmen kannst oder nicht. Bei allem was wir für uns akzeptieren, ist die Freiwilligkeit ein essentieller Bestandteil. Diese ist unabdingbar, wenn wir uns auf die spirituelle Ebene unseres Seins begeben.

Die Seele ist der Grundstein für unsere Persönlichkeit.

Sie ist von sich heraus klar und rein, ohne Einschränkungen. Wenn sie sich entscheidet, auf dieser Erde in menschlichen Körpern Erfahrungen zu sammeln, dann entfernt sie sich dabei sehr weit von ihrem Urzustand. Sie durchläuft die Erlebnisse des Leidens und auch im Gegenpol dazu der Freude. Sie hat sich diese ausgesucht, weil sie in der

Wahrnehmung der Gegensätze ihr gesamtes eigenes Spektrum erfassen möchte. Hier kann sie erfahren, dass beides zu ihr gehört, die lichtvolle Seite und die Schattenseite. Erst in der Ergänzung von beiden wird ihr gesamtes Wesen sichtbar. Kann sie diese Tatsache annehmen und in dem menschlichen Gewandt leben, dann ist sie auf dem Weg der Erlösung aus den immer wiederkehrenden Inkarnationen, den verschiedenen Leben. Sie kann aus der Trennung ihrer beiden dualen Anteile heraus ihre wahre Reinheit und Klarheit wiedererkennen. Manche bezeichnen das als geläutert oder aufgestiegen.

In diesen vielen Prozessen der verschiedenen Erdenleben begleiten uns andere Seelen in menschlicher Gestalt, die uns dabei unterstützen die Erfahrungen zum Abschluss zu bringen und übernehmen dabei die Gegenrolle, die hier für uns notwendig ist.

Unsere Sexualpartner übernehmen ebenfalls eine wichtige Rolle, damit wir die Erfahrungen auflösen und unsere ursprüngliche Einheit erlangen können. In der Vereinigung kommen wir aus diesem Zustand der Trennung in die Grenzenlosigkeit bis hin zur Glückseligkeit sehr nahe. In gegenseitiger Hingabe und Auflösung der Kontrolle von Gut und Schlecht erleben wir den göttlichen Zustand der Bedingungslosigkeit, der Aufhebung aller Einschränkungen.

Die bedingungslose Liebe

Wie oben schon besprochen gibt es verschiedene Arten von Liebe.
Im spirituellen Bewusstsein kommt noch die göttliche oder auch bedingungslose Liebe hinzu. Diese zu verstehen, anzuerkennen und zu leben fällt den Menschen im Allgemeinen recht schwer.
Hierbei akzeptierst du jeden so wie er ist. Jeder hat das Recht, die Rolle zu spielen, die er sich ausgesucht hat. Ein Verbrecher oder Kriegsgegner, ein Massenmörder oder Betrüger, alle werden in ihrem Sein hier auf der Erde angenommen, ohne verurteilt zu werden. Sie werden sogar im Gegenteil noch als Baustein der gesamten Erlebnisprozesse auf dieser Erde angesehen und erhalten hierfür Achtung und Respekt. Eine Anschauungsweise dieser Art können die meisten Menschen nicht nachvollziehen.

Gehst du davon aus, dass das zuvor Dargestellte stimmt, ist es etwas einfacher diesen Gedankengängen zu folgen.

Wenn wir sämtliche Beeinflussungen, denen wir ausgesetzt waren und sind, unbeachtet lassen, so erreichen wir eine andere Sichtweise auf das Leben. Stell dir vor, du hättest keine Erziehung erfahren, niemand hätte dir gesagt, was richtig und was falsch ist. Du wärest völlig urteilsfrei und unbelastet. Wie ein neugeborenes Kind, das seine Umwelt noch nicht kennt und auch keine Erfahrungen in vorigen Leben gesammelt hat. Wie wäre jetzt deine Situation? Wie würdest du den anderen Menschen begegnen und dich verhalten? Du wüsstest jetzt absolut nicht, was ein Urteil ist! Gefühle wie Liebe oder Hass würdest du noch nicht kennen. Schritt für Schritt würdest du herausfinden, wie du jeweils reagieren kannst. Zunächst würdest du beobachten und wahrnehmen, was sich dir präsentiert. Du würdest alles so annehmen wie es sich darstellt.

Stell dir vor, du wärest objektiv zu allem.

Ein Zustand, den wir in unserem üblichen Leben als Menschen nicht wirklich erreichen. Die Vorstellungskraft kann uns jedoch dorthin bringen.

Dann bist du in der bedingungslosen Liebe, die unserem Wesen von Beginn an innewohnt. Unsere Seelen, die all die Erfahrungen durchlebt haben, sehnen sich danach, in diesen Zustand der Bedingungslosigkeit zurück zu kehren.
Die Urquelle allen Seins, die wir meist Gott nennen, bringt uns bedingungslose Liebe entgegen. Aus dieser Quelle sind wir alle entstanden und so auch mit dieser Liebe ausgestattet worden. Von all den Erfahrungen, die wir im Laufe der langen Zeit gesammelt haben, wird sie überdeckt und gelangt mit jedem neuen Zusatz immer mehr in den Hintergrund. Schließlich wird sie ganz vergessen und die im Unterbewusstsein angesammelten Emotionen beeinflussen nur noch unser Leben.
Wir haben jedoch die Chance, uns dessen wieder bewusst zu werden und damit die Leiderfahrungen in einem anderen Zusammenhang wahrzunehmen. Hierzu benötigen wir individuelle Prozesse, die sich langsam entwickeln. Wenn du hierfür offen bist, wirst du mit etwas Geduld viele Anregungen in deinem Umfeld erhalten, die dich dabei unterstützen.

Beginne bei dir selbst, indem du dich so annimmst, wie du bist und dich dafür ohne Vorbehalte liebst. Sämtliche Fehler, von dir abgelehnte Eigenschaften, Ängste und anderen Anteile, die zu dir gehören, betrachtest du liebevoll und urteilsfrei. Sie begleiten dich auf deinem Weg durch dein Leben, das ständigen Veränderungen unterliegt. Du hast die freie Wahl, was du aus ihnen machst. Indem du für dich anerkennen kannst, dass die von dir so empfundenen negativen Eigenschaften schlussendlich zu momentan noch nicht sichtbaren positiven Resultaten führen können, hast du das Ruder herumgedreht. Gut gewählte Affirmationen wie z.B. „Ich weiß, dass ich ein liebenswerter Mensch bin." oder „Ich weiß, dass meine momentane Situation mir eine wertvolle Erkenntnis und ein gutes Ergebnis bringt." oder „Ich achte und schätze mich aus tiefstem Herzen, so wie ich bin." können behilflich sein. Denke daran, dass du das gleichzeitig fühlst. Fühle es in deinem Kopf, in deinem Bauch und in deinem Herzen. Du bist dem ursprünglichen Gefühl nun nicht mehr ausgeliefert und kannst produktive Schritte zum guten Ende zulassen und im geeigneten Moment durchführen.

Nun stell dir vor, du würdest einem Menschen begegnen, der gut in dein Suchprofil eines neuen Liebespartners/einer neuen Liebespartnerin passen würde. Stell dir weiterhin vor, du würdest in diese Begegnung völlig vorbehaltlos gehen. Betrachte dein Gegenüber aus reiner Achtung und Wertschätzung heraus und sei dir bewusst, dass deine eventuellen negativen Reaktionen auf ihn/sie nur mit dir selbst zu tun hat. Sei dankbar dafür, dass dir dein Erfahrungsmuster gezeigt wird und du es **jetzt** nicht mehr auf den anderen übertragen musst. Du kannst es aus einer objektiven Perspektive heraus betrachten und deine eigene Veränderung vornehmen. Damit kannst du deinen Ängsten und Unsicherheiten neu begegnen und sie liebevoll verabschieden. Dein neuer Partner/deine neue Partnerin muss nun nicht mehr für deine Belange herhalten und dafür verantwortlich gemacht werden. Du übernimmst jetzt die Verantwortung für dein Verhalten, in bedingungsloser Liebe.

Die bedingungslose Liebe ihm/ihr gegenüber hast du nun sehr gut zulassen können. Sei stolz auf dich und wertschätze dich dafür. Dein neuer Partner/deine neue Partnerin wird es dir danken und von dir lernen. Ein guter Beginn für eine neue Liebe!
Wie bei allem gilt: Du musst nicht sofort perfekt sein und darfst viel Geduld für dich und auch für ihn/sie aufbringen. Jeder kleine Schritt bewirkt Veränderung und führt zum Ziel.

Du kreierst dein Leben selbst

Alles was in unserem Leben geschieht entspringt unserem Inneren. Es findet Ausdruck im Außen und erschafft dadurch unsere Lebenssituationen. Wir beeinflussen sie meist aus dem Unbewussten heraus, ohne es zu bemerken. Unsere Gedanken und Gefühle senden Signale in das Universum und bewirken somit die Konstruktionen der dazugehörigen Erlebnisse.

Gedanken, Gefühle, Bilder

Alle drei sind Bestandteile der in uns abgespeicherten Situationen, die wir selbst erlebt haben oder die uns im Außen als Zuschauer präsentiert wurden. Da sie für mich sehr ineinander greifen, stelle ich sie unter einem gemeinsamen Punkt dar. Immer erfolgen eine individuelle Wahrnehmung und eine unbewusste Reaktion darauf. Wir können uns nicht dagegen wehren, dass etwas mit uns geschieht. Wir können jedoch frei wählen, was uns beeinflussen darf.

Es ist eine Tatsache, dass wir durch unsere Gedanken unser Leben kreieren. Alles was wir denken, wird in unserem Leben manifestiert. Das Universum ist so angelegt, dass das was wir hinaus senden, in einer geeigneten Form in unser Leben gelangt. In der Quantenphysik wird dieser Tatbestand inzwischen dargestellt.
Somit ist es von großer Bedeutung, welchen Gedanken du nachgehst. In den Medien wie zum Beispiel Zeitschriften und Fernsehprogrammen werden uns viele negative Situationen verbal wie auch bildlich dargestellt. Hinzu kommen jene Mitmenschen, die gerne in allem das Nachteilige sehen. Egal welche Einstellung wir dazu haben, das Unterbewusstsein speichert es ab. Daher ist es wichtig, für uns ganz persönlich zu entscheiden, womit wir uns beschäftigen wollen und womit nicht.

Wenn Unfälle in den Nachrichten dargestellt werden, schalte ich diese ab. Das hat nichts mit fehlendem Mitleid zu tun. Ich entziehe mich lediglich den Negativinformationen, die mein Unterbewusstsein beeinflussen. Würde ich diese Darstellung bis zum Schluss verfolgen, so würden die betroffenen Menschen keinen Vorteil daraus ziehen. Ihr persönlicher Zustand würde keine Veränderung erfahren. Die menschlichen Verletzungen blieben dieselben und der materielle Schaden ebenfalls.

Ich denke, dass ich gut unterscheiden muss, was wirkliche Anteilnahme ist und was künstlich erzeugtes Mitleid bedeutet. Was ich wirklich für die Betroffenen tun kann, ist von ganzem Herzen gedanklich bedingungslose Liebe und Heilungswünsche senden. Das funktioniert auch, wenn ich die Details nicht kenne. Das ist meine persönliche Art von Anteilnahme an den Leiderfahrungen anderer Menschen. Ich weiß, dass wir alle unsere Schicksalssituationen benötigen, um wie oben dargestellt unsere Lernprozesse zu durchlaufen. Wenn ich gleichfalls in das Gefühl des Leidenden gehe, so hat dieser keinen Vorteil davon. Nur er selbst ist derjenige, der seine Befreiung daraus bewirken kann. Eine wirksame Unterstützung für ihn kann nur aus gewissem Abstand heraus in Klarheit erfolgen. Diese schließt eine tiefe Anteilnahme im Herzen ein.

Neue Erfahrungen konfrontieren uns mit unseren alten Gefühlen, die wir in einer ähnlichen Situation erlebt haben. So entstehen unsere Ängste schon im Voraus, dasselbe Leiden wieder erfahren zu müssen. Wir sind verkrampft und wehren uns dagegen. Dementsprechend senden wir Gedanken der Angst in das Universum, das uns das passende Erlebnis dazu sendet.

Nun entsteht eine Rotation um ein bestimmtes Thema, die immer wieder abläuft. Jedes Mal ist es in verschiedene Äußerlichkeiten gekleidet. Unsere Angst und unsere Abwehr jedoch ziehen genau diese Situationen wieder an. Das klingt zunächst wie ein Widerspruch. Haben wir jedoch verstanden, dass alles zurückkehrt, was wir aussenden, ist es keiner mehr.

Wir wissen nun, dass wir unsere Abwehr und Angst umwandeln müssen, um tatsächlich das zu erhalten, was wir uns wirklich wünschen.

Jeder von uns möchte gerne seine Ängste loswerden. Das geschieht jedoch nicht, indem wir sie unterdrücken. Das Leben hat mich gelehrt, dass sie das nächste Mal umso mächtiger wiederkehren. Was kann ich also tun? Wenn ich einen Gegenstand nicht mehr haben möchte, so werfe ich ihn in den Müll oder gebe ihn einer anderen Person, die ihn vielleicht gebrauchen kann. Wichtiger Bestandteil dabei ist es, diesen Gegenstand anzunehmen, das bedeutet in die Hände zu nehmen und ihn dabei zu betrachten, bevor ich ihn mit meinen Händen weggebe. Wenn ich mir dasselbe nur vorstellen würde, wäre der Gegenstand immer noch bei mir.

Mit unseren Ängsten ist es ebenso. Wenn ich mir nur vorstelle, sie seien ohne meinen Einsatz verschwunden, dann klappt das nicht. Ich muss sie zunächst genau betrachten und akzeptieren, dass sie zu mir gehören. Ich kann nur das weggeben, was in dem Moment bei mir ist. Wie wir an dem Beispiel eines Gegenstandes gesehen haben, ist das eindeutig, ob ich es möchte oder nicht. Erst dann kann ich mich auch meiner Ängste entledigen. Hiervor haben die meisten Menschen wiederum Angst. Sie möchten nicht das betrachten, wovor sie Angst haben. Sie haben Angst vor ihrer Angst und deren Hintergrund. Jede Angst hat ein tragendes Element, aus dem sie entstanden ist. Es sind meist Schlüsselsituationen aus unserer Kindheit oder vorigen Leben. Erinnerungen und die dazugehörigen Gefühle sind im Unterbewusstsein gespeichert. Sie tauchen sofort auf, wenn eine ähnliche Situation entsteht.

Um deinen Ängsten begegnen zu können, ist es wichtig, sie als Bestandteil deiner Person anzuerkennen. Mit deinen Gedanken, die sich in Worten ausdrücken, kannst du sie akzeptieren und dich von ihnen verabschieden. Es ist nicht unbedingt notwendig, dass du die Schlüsselsituation dafür wahrnimmst. Das Anerkennen der Existenz derselben ist wichtig! In einem inneren Dialog kannst du diese Angst vor ......(wovor du gerade Angst hast)...... genau benennen und sie als zugehörig zu dir darstellen. Dann kannst du deinen Wortlaut des Verabschiedens wählen. Sinnvoll ist es immer, sich liebevoll in Dankbarkeit zu verabschieden. Jede Angst hat dir gedient, um einen weiteren Schritt deiner persönlichen Entwicklung zu gehen. Wenn du sie jetzt annimmst und loslässt, dann ist dir ein großer Bewusstseins- und Entwicklungsschritt gelungen.
Der Wortlaut könnte sein: „Ich akzeptiere meine Angst (zu versagen, nicht gut genug zu sein, krank zu werden, die Erwartungen anderer nicht zu erfüllen, und vieles mehr...) und erkenne sie hiermit an. Sie hat mir bis heute gedient und ich entlasse sie **jetzt** in Dankbarkeit und Herzensliebe aus meinem Leben." Immer wieder, wenn eine Angst sich zeigen sollte, kannst du diese oder andere für dich passende Worte benutzen. Beachte dabei, in das Gefühl der Leichtigkeit und der Loslösung zu kommen. Spüre es in deinem Herzen und wiederhole es sooft es nötig ist. Wenn du den Satz, der hundertprozentig dein gewünschtes Ergebnis enthält, laut und kraftvoll wiederholt aussprichst, wirkt er umso effektvoller.

Damit kannst du deine Gedankenstruktur verändern. Dein Unterbewusstsein nimmt die Veränderung an und bewirkt mit der Zeit andere Reaktionen in entsprechenden Erlebnissen. Deine Ängste haben jetzt nicht mehr die ursprüngliche Macht über dich und du ziehst automatisch bessere Situationen in dein Leben. Diese werden geprägt durch

Menschen, die dir auf derselben Gedankenebene begegnen. Das bedeutet, dass sie sich ebenfalls so wie du von den negativ belasteten Eindrücken ihres Lebens langsam entfernen. Du kannst dich im täglichen Leben beobachten und deine Gedanken wahrnehmen. Jetzt ist dir bekannt, was sie bewirken und du hast die freie Wahl, sie zu verändern.

Eine gute Übung hierfür besteht darin, das genaue Gegenteil deiner negativen Gedanken auszudrücken. Damit kannst du den erzeugten Druck in dir schwächen und es geht dir wesentlich besser. Wenn du denkst: „Ich komme zu spät." Dann kannst du es umkehren in: „Ich komme zum genau richtigen Zeitpunkt an." Wäge jedes Wort deines neuen Gedanken ab, damit du das richtige Resultat erzielst, und empfinde das dazugehörige Gefühl . Du wirst entspannter werden und dich besser konzentrieren können.

Schule deine Gedanken in allen belanglosen Situationen. Sie helfen dir bei der Veränderung deiner Grundeinstellung zu dir selbst, zu anderen Menschen und zum Leben schlechthin.

Das Thermometer der Liebe

Hast du eine Gratwanderung in der Liebe hinter dir, so bist du sicherlich sehr betroffen und verletzlich. Jetzt kommt es darauf an, stabil zu bleiben und dich in dir zu festigen. Lass dich ganz auf dich selbst ein und schenke dir nun alle Aufmerksamkeit und Liebe, die du vorher deinem Partner/deiner Partnerin gegeben hast. Nimm nun für dich beide Rollen ein, sei Liebender/Liebende und Geliebter/Geliebte gleichzeitig. Sei beides in Einem. Das alles nur zu deinem Wohle! Gibt es momentan keine Person, die dir ihre Liebe schenken kann, dann übernimm du diesen Part dir selbst gegenüber. Mit der Zeit wirst du dich an diese Übergangslösung mehr oder weniger gewöhnt haben und eventuell sogar eine Zeitlang deine Unabhängigkeit genießen. Es können sich nun neue Seiten, neue Vorlieben wie auch neue Wesenszüge entwickeln oder auch nur auftreten. Dein Veränderungsprozess wird von dir gesteuert. Es geschieht das, was du zulässt, worauf du dich einlässt. Hierdurch lernst du dich näher kennen und schaffst neue Grundlagen für deine zukünftige Liebe.

Eventuell hast du jetzt neue Seiten an dir entdeckt und eine andere Persönlichkeit entwickelt. Jede Veränderung ist eine Bereicherung und Erweiterung deiner Möglichkeiten. Vielleicht hast du daneben noch die bereits dargestellten Anregungen genutzt und dein äußeres Erscheinen etwas ausgewechselt. Damit hast du einige Erfolge erzielt, die dir einen Weg in deine gesuchte Liebesbeziehung der neuen Art ebnen können. Deine jetzigen Voraussetzungen werden einen anderen Mann/eine andere Frau mit anderen Eigenschaften als vorher in dein Leben einladen. Das Suchbild hierfür hat sich aufgrund deiner Wandlungen nun verändert.

Ein aufregender neuer Anfang für die Suche nach einer glücklichen Liebesbeziehung ist eingetreten.

Dein innerer Frieden

Mit den vielen Anregungen, die du hier gelesen hast, erhältst du ein gewisses Werkzeug, um mehr und mehr in deinen inneren Frieden zu gelangen. Du konzentrierst dich jetzt mehr auf dich selbst und fühlst dich deiner Außenwelt und den entsprechenden Situationen immer weniger ausgesetzt. Du hast nun die Verantwortung für dein Leben in deine Hände genommen und bist dadurch frei von Zwängen und Ängsten. Je mehr du in dem Bewusstsein deiner speziellen Veränderung und in der Übung bist, desto leichter gelingt es. Dein Innenleben wird stabiler und du kommst zur Ruhe. Die täglichen Herausforderungen werden zu Chancen der Bewusstwerdung, des gezielten Lernprozesses, der Veränderung. Du begegnest jetzt dir selbst, indem du lernst dich zu schätzen, zu ehren und zu lieben. Jegliches Urteilen fällt ab und du nimmst dich in tiefer Wertschätzung so an, wie du bist. Daraus entsteht eine neue Lebensqualität, die du automatisch ausstrahlst. Du bist ein neuer Mensch, der neue Menschen in sein Leben einlädt.

Der Weg zu deinem inneren Frieden schafft Frieden im Außen.

Damit leistest du einen sehr wertvollen Beitrag in unserer Gesellschaft. Nicht nur, dass du aus dem Kreislauf des ewigen Leidens und der ewigen Schuldzuweisungen nach und nach gelangst, du sendest auch all jene kostbaren Attribute deines neuen Lebens in das energetische Umfeld der Erde. Andere Menschen werden unbewusst davon angezogen und erhalten durch dich Anregungen, ohne dass ihr euch begegnen müsst. In deinem persönlichen Umfeld gibt es viele Veränderungen. Du bist nun gelassener und zentrierter. Dein innerer Frieden stellt sich jetzt ein.

Begib dich auf diesen Weg der Freude, der Liebe und des Glücks. Deine Willenskraft und Ausdauer werden dich reich belohnen. Ich wünsche dir viel Glück dabei!

Schlusswort

Nun durfte ich dich ein Stück deines Lebensweges begleiten, indem du dieses Buch gelesen hast. Ich danke dir für deine Aufmerksamkeit und deine Achtsamkeit.
Was du für dich aus diesem Buch annehmen kannst, ist allein deine Entscheidung und ich respektiere sie. Bei jeder Art von Begegnung stehen für mich die heiligen Aspekte der Wertschätzung, der Achtung und des Respektes an erster Stelle.
Alles geschieht in Freiwilligkeit und ist vom sozialen Umfeld anzuerkennen. Nur aus dieser Qualität heraus kann wirkliche Liebe entstehen. Wenn du akzeptierst wie der Andere ist und du ihn ohne Urteil annimmst und dafür liebst, hast du eine Chance auf eine glückliche Liebesbeziehung. Wenn ihr euch beide aufeinander einlasst und euch erlaubt immer mehr Zuneigung und Vertrauen in Hingabe aufzubauen, schafft ihr ein gemeinsames Feld um euch herum, das niemand verletzen kann. Dies ist etwas sehr Wertvolles, das es gilt zu behüten und zu erhalten.

Lasst euch gegenseitig von eurer Liebe tragen und gebt euch darin Kraft.

Es ist an der Zeit, dass die Menschheit sich ihre wahre Liebesfähigkeit zurück erobert. In Frieden und in Liebe zu leben ist unser aller Grundrecht. Ich möchte mit diesem Buch alle Menschen ermuntern, den Glauben an die Liebe und an den Frieden nicht aufzugeben. Wenn wir wieder die Gemeinsamkeiten wahrnehmen, sie in unser Leben lassen und uns dabei respektvoll in unseren individuellen Eigenschaften begegnen, haben wir die Chance auf ein friedvolles Miteinander. Jeder Einzelne kann seinen eigenen Beitrag dazu leisten, indem er bei sich selbst beginnt. Habt den Mut, immer wieder euren Weg zu gehen, eure persönlichen Ideale zu verwirklichen. Ihr tut es nicht nur für euch selbst, sondern für uns alle.

Alles, was du für dich erreichst, ist für jeden von uns wichtig und heilsam. Glaube an dich und sei dir dafür unendlich dankbar.

Ich verneige mich vor dir in bedingungsloser Liebe, tiefer Dankbarkeit und hoher Wertschätzung.

Marion Ella Weber

Danksagung

An dieser Stelle möchte ich mich bei allen Menschen bedanken, die mich bis heute auf meinem individuellen Lebensweg begleitet haben. Danke euch für die Herausforderungen, die ihr mir ermöglicht habt, um daran zu wachsen, neuen Lebensmut zu finden, an mich und eine strukturierte Ordnung im Universum zu glauben. Durch euch konnte ich einen Teil der wahren Zusammenhänge unseres Lebens erfassen und meinem ursprünglichen Selbst begegnen. Ihr habt mich in Liebe und Achtung unterstützt, meinen Weg und meine Aufgabe zu finden.

Ebenfalls möchte ich mich bei all jenen bedanken, die meinen zukünftigen Weg begleiten werden.

Ich begegne euch allen in bedingungsloser Liebe und Hochachtung.

Literaturempfehlung

Von mir empfohlene Literatur zu weiteren Anregungen:

1. Barbara Ann Brennan: Licht-Heilung, Der Prozess der Genesung auf allen Ebenen von Körper, Gefühl und Geist, Goldmann Verlag München, 1994
2. Roy Martina: Emotionale Balance, Wiener Verlag, 1999
3. Frank Fiess: Du bist der Mann deines Lebens, Simon + Leutner Verlag, 2007 (auch für Frauen geeignet)
4. Von den Aufgestiegenen Meistern: Das Geheimnis der Gedanken, Verlag UN
5. Karma Singh: Die Anatomie des Glücks, Ein Kurs in praktischer Anwendung der Quantenphysik, Harmony Energy Consultants Ltd., London, 2011
6. Fei Long: Quantenheilung leicht gemacht, Sphinx Verlag 2011

Deine Intuition wird dich zu dem für dich momentan richtigen Buch führen. Lerne ihr zu vertrauen. Es gibt viele Bücher, die darauf warten, gelesen zu werden.

Dieses Buch habe ich aus meinem eigenen Gedankengut, meinen Erlebnissen und meinem Wissen heraus geschrieben. Ich habe den Text fließen lassen, ohne mich auf andere Autoren zu beziehen und Zitate zu verwenden. Sollten Passagen oder einzelne Sätze mit deren Texten übereinstimmen, so ist das unwillkürlich geschehen und ich distanziere mich von jeglichen Anschuldigungen, fremdes Potenzial für mich übernommen zu haben.

MIX
Papier aus verantwortungsvollen Quellen
Paper from responsible sources
FSC® C105338

Printed by Books on Demand GmbH, Norderstedt / Germany